起業家＆企画参謀
ウィッテム代表
小島 章裕

大丈夫、策はある

儲ける脳トレシリーズ
コロナ禍対応編

コロナ禍時代の新ビジネス・アイデア55

経営者応援BOOK

まえがき

本書の執筆のさなか、かねてより知己の企業経営者から相談を受けた。すき焼きの老舗「四日市柿安」（三重県）の女将・赤塚直子さんだ。

このコロナ禍で延期していた店舗「和牛レストラン　嘉喜家《かきや》」をオープンさせるという。大いなる決断だ。本当は、満席にしたいところだが、「安心安全」を期してお食事を楽しんでいただくため、席の間隔を空ける必要がある。

そこで、私は本書（三四ページ）のアイデアを基に、こんなアドバイスをさせていただいた。

「多くの飲食店さんでは、椅子やテーブルに『ソーシャルディスタンスのため、この席のご利用をお控えください』という貼り紙をしています。でも、せっかく食事を楽しみに訪れたのに、コロナ禍の現実に引き戻されて不安を掻き立てられ、興ざめしてしまいますよね。そのスペースを地域の活性化に活用されてはいかがでしょう」と。

そこで、こんなメッセージを空きテーブル席に置くことになった。

「当店では、四日市市の伝統産業である萬古焼《ばんこやき》の窯元『酔月窯《すいげつがま》』様にお願いして、お料理に合った器を焼いていただいております。もし、ご自宅でもお使いになりたいとご希望のお客様は、お声がけください。僅かではありますが、店内にミニギャラリーもございます」

つまり、「空き席」を、地元産業を応援するスペースに転用したわけだ。

すると、今度は女将から「こんなことも思い付きました！」と、新たなアイデアを教えていただいた。「空き席」に、小さな器に生けた花を置くのだ。キレイな花を愛でながらお食事をしていただければ、より美味しくなるはず。

これは、すぐに売上増加につながるアイデアではないかもしれない。しかし、苦しい時こそ地域みんなで盛り上げていこう！　という発想は、長く付き合わなければならないであろう「ウィズコロナ時代」に不可欠なことであり、必ずや実を結ぶものと信じる。

策は、必ずある。

一番の不安は策がないこと。

お金がないことも、お客が来ないことも不安だが、次の一手がないことが一番不安だ。

だから、業界によっては知らないドシロウトの著者だが、炎上覚悟で、コロナ禍中に閃いたアイデアを書き出してみた。特異体質なのか、昨日も今日も明日もアイデアが出てくるため、著作権なんて要らない。

アイデアなんてどこにでもあるし、いくらでも思いつく。とにかく、最前線で商売をしている人たちが生き抜いてほしい。

打てる手はすべて打つ。

そのために本書を活用していただければとても嬉しい。本題のアイデアだけでなく、小ネタもふんだんに盛り込んだ。メモ用紙を片手に閃いたアイデアを取りこぼさず、最後まで読んでほしい。自らが閃いたアイデアほど、実現しやすくなる。

二〇二〇年七月

小島《こじま》 章裕《あきひろ》

大丈夫、策はある　コロナ禍時代の新ビジネス・アイデア55◆目次

第1章 大丈夫、必ず策はある！ ウィズコロナ時代の「乗り切るビジネス・アイデア」

第2章 少しの工夫で効果抜群！ ウィズコロナ時代の「改良ビジネス・アイデア」

第3章 いいとこ取りで収益源を増やせ！ ウィズコロナ時代の「兼業ビジネス・アイデア」

第4章
あるものを活かして、ないものを創れ！
ウィズコロナ時代の「発展ビジネス・アイデア」

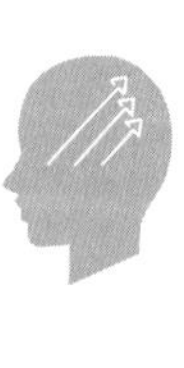

第5章 起死回生、今こそ、攻めの一手! ウィズコロナ時代の「新規ビジネス・アイデア」

第 1 章

大丈夫、必ず策はある！

ウィズコロナ時代の「乗り切るビジネス・アイデア」

全国津々浦々に「発熱外来」

身近にあると危機意識が高まる

セールスポイント

「発熱外来」とは、発熱・咳・痰・倦怠感など新型コロナウィルスの初期症状がある患者を一般外来と別で診療する施設。その施設を地域の「公民館」に設置する。

関連業種

自治体、公民館、医療機関、医薬品業界、医療従事者

妻「日曜日の朝、公民館の掃除があるから、カズ（長男）の塾の送り迎えをお願いね」
私「いいよ。しかしさぁ、よく公民館の掃除があるけど、そんなに使っているの？」
古い屋敷が立ち並ぶ地域に一〇年前に引っ越してきてから、ご近所付き合いや地域活動が増えた。戸惑うことも多々あり、「洗濯物が出しっ放しだったよ」「最近、ご主人が犬の散歩しないのね」など言われる。しかし、採れたての野菜を頂いたり、息子たちにも気軽に話しかけてくれて、とても心強いご近所でもある。
妻「私の子供の頃は、公民館でよく子供会のイベントしたりしていたよね」
私「やった、やった！　遊び場の一つでもあったしね」
妻「最近は子供会のイベントも少なくなったけど、台風や地震の時に避難所として住民が公民館に集まる報道を見ると、やっぱり公民館は地域に必要なのよ」
私「公民館掃除で地域の人と顔を合わせることも大事なんだろうね」
妻「避難所で思いついたけど、新型コロナウイルスの検査を公民館でやったらどう？」
私「なるほど！　感染の疑いのある人が病院へ行くと院内感染の可能性があるから、別の場所で検査する方がいいよね」
そこで、公民館を活用した感染防止案を考えてみた。

猛威を振るった新型コロナウイルスでは、初期の頃、多くの医療機関で院内感染を引き起こし、地域医療の砦である病院が閉鎖に追い込まれ、医療崩壊の危機を招いた。そのため、今後続く新型コロナウイルスとの戦いに備え、日本全国に「発熱外来」の整備を進める。

「発熱外来」とは、発熱・咳・痰・倦怠感など初期症状のある患者を一般外来と切り離して診療する施設。その施設を地域の「公民館」に設置する。

トリセツ

「発熱外来」を公民館に設置するメリット

1 公民館は町村単位で整備されており、その多くは徒歩や自転車で行けるエリアにある

2 公民館には広間と個室があり、広間は待機所として、個室は診察室として使える

3 公民館の倉庫に「発熱外来」時に必要な備品を備えておくことができ、長期に保管しても特に支障がない

4 地震、台風、洪水など災害時にも診療所として利用できる

5 感染が広がりつつある地域へ重点的に医師を派遣し、迅速に「発熱外来」を設けることで感染拡大を防ぐことができる

また「発熱外来」が身近に設置されることで住民の危機意識も高まり、マスクや手洗いのほか「三密」を避ける行動をとるようになる。

さらに利用機会が減った公民館を〝再活用〟することで、地域での存在感が増し、活用事例が増える可能性も。崩壊しかけた地域コミュニティーが復活するとセーフティネットも盤石になる。

ビジネス・アイデア
ー儲ける脳トレー

平常時は地域活動の拠点に、緊急時は「発熱外来」として使う。平常時と緊急時で使い分けることで、施設はより有効活用できます。そこで、都会にも地方にも増えつつある「空き家」を有効活用する方法を平常時と緊急時で考えてみましょう。例えば、平常時は「ハウスギャラリー」として使い、被災した時は、地域の「食堂（炊き出し）」として使うなど。

ロッカーNOW

イートインが使えない期間、臨時で「これあったらいいな」

セールスポイント

感染防止のためイートインコーナーが閉鎖している時だけテーブル（カウンター）の上にコインロッカーを置いて、通販の荷物を受け取れるサービス。

関連業種

コンビニ、ネット通販、コインロッカー、配送業者新型コロナウイルスで自粛期間中のこと。

私「きょう昼食を買いにコンビニに行ったら、イートインコーナーが使えなくなっていたよ」

妻「私も見た。〝密〟になるからね……。一昔前はイートインコーナーはなかったけど、いざ使えなくなると不便よね、ちょっと座って休みたい時もあるから」

私「使えなくなったイートインコーナーは、申し訳程度にテーブルの上に商品やパンフレットが置いてあったけど、何だかもったいないなあ」

妻「『使用禁止』という張り紙のお店もあったけど、ちょっともったいないね」

私「自粛期間中だから余計に『禁止』の文字はつらいわ」

妻「そうだ！　ギャラリーにしたらどう？　喫茶店で絵や写真を飾っているのを見かけるでしょ。カウンターを使えば陶芸品も飾れるよ」

私「いいアイデア！　店内も華やかになりそう」

そこで、三密回避のため使えなくなったコンビニのイートインコーナーを有効に活用する方法を考えてみた。〝巣籠もり消費〟でネット通販の利用が増えるため配送業者の負担軽減にもなる。

トリセツ

「ロッカーNOW」の想定シーン

きょうは、同僚とランチに来ている。リモートワークが日常になった当社にとって、週一回の出社日は同僚と会える貴重な時間。たわいもない雑談ができると、なんだかホッとする。

ランチを終えた後、コンビニに立ち寄り一〇〇円コーヒーを買おとすると、

同僚「今、通販の荷物が届いているから取ってくる」

とコンビニ店内にあるロッカーの方へ歩いていった。この店内のロッカーは、イートインコーナーに臨時で設置してある。

私 「何を買ったの?」

同僚「俺の趣味の物。自宅に届くと家族が『何買ったの?』と聞くから、外で受け取るのよ」

このコンビニ店内に設置してあるロッカー〈ロッカーNOW〉は、感染拡大防止のためでイートインコーナーが閉鎖している時だけテーブル(カウンター)の上に置いてある。スマホで解錠ができるため、店員の負担はなく便利だ。

トリセツ

「ロッカーNOW」のメリット

1 巣籠もり消費でネット注文が増えるため、受け取り方法の選択肢が増えた方が便利
2 コンビニの店員と非接触で受け取れるので店員も安全で負担がない
3 再配達が少なくなり、配送業者の負担が軽減される

イートインコーナーが使えない時の臨時の設置とはいえ、利用者の反応をはかる実験にもなる。評判が良くロッカーが常設されるようになれば、店内商品の取り置きサービスもできる。

ビジネス・アイデア
―儲ける脳トレ―

三密を避けるために使えなくなったコンビニのイートインコーナーを、あなたならどんな活用アイデアを考えますか？　例えば、新発売の調理家電を展示してタブレット端末でデモンストレーションする販促はどうでしょう？　購入に至ったら販売手数料が入る仕組み。自粛期間は自炊する人が増えたから需要は高いはず。

ペーパーランチョンマット・タワー

気にする人もいるし、店員さんの除菌の手間も軽減する

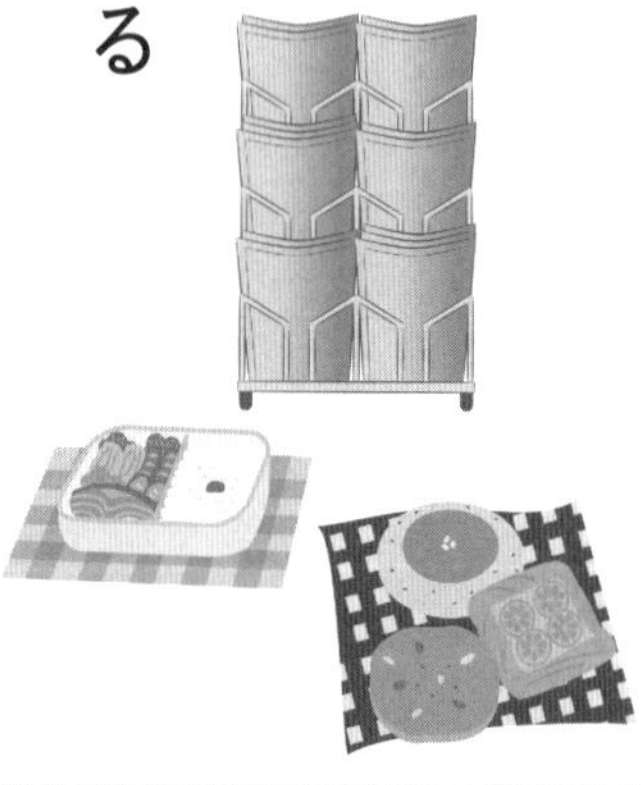

セールスポイント

テーブルやカウンターが汚れにくく、店員さんが清掃・除菌する負担は軽減。バリエーションを設けて店内に設置したら、宣伝効果も期待!?

関連業種

コンビニ、広告宣伝、警察・自治体の告知、テレビ・ラジオ局、作家・出版社

妻「会社帰りにコンビニに立ち寄ったら、イートインコーナーにパンの空袋が置いてあったの。以前は『捨て忘れたのかな?』と思うだけだったけど、この時期は使うのをためらうわ」
私「わかるわぁ～。ランチで入ったお店で、前のお客が使った直後のテーブルは、正直気になる」
妻「潔癖症ではないけど気になってしまって……。ひょっとしたらそんなクレームが入って店員さんの負担が増えているかもしれないね」
私「不特定多数の人が使うセルフのテーブルは、ハンカチを敷いたりして個々に気をつけるのがいいかも」

ということで思いついたアイデアを紹介。あざとくビジネスに結びつけるところが企画マンの性。媒体としても魅力的だ。

イートインコーナーの側に「ペーパーランチョンマット・タワー」を設置する。「ペーパーランチョンマット」とは、その名の通り紙製のランチョンマット、「タワー」とはこの「紙製のランチョンマット」を収納しているラックのこと。

トリセツ

「ペーパーランチョンマット」を備える理由

1 不特定多数のお客が使うため、気になる方がセルフでテーブルに敷いて使う
2 使い終わったら、たたんでゴミ箱へ
3 テーブルやカウンターが汚れにくく、店員さんが清掃・除菌する負担を軽減

また、食事や時間つぶしにイートインコーナーを利用する人が多いため、「ペーパーランチョンマット」にバリエーションがあったら楽しくなる。

《「ペーパーランチョンマット」の種類》

1 コンビニのキャンペーン商品のＰＲバージョン
2 ＣＤ・書籍発売の広告バージョン
3 時間つぶしに迷路やクイズバージョン
4 川柳や俳句の応募バージョン

5 空き巣や特殊詐欺の多発を呼びかける啓蒙バージョン

バリエーションを設けて店内に設置したら、お客も興味津々！　テレビ局の番組改編時期に番組PR用の「ペーパーランチョンマット」は新しい宣伝方法になる。テレビを観ない世代へアプローチするには面白いツール。新作の小説・漫画の連載バージョン（例：隔週更新）が登場したら、ペーパーランチョンマットからヒット作が出るかも。

清潔さを保つ仕組みづくりは、ウィズコロナ時代にはビジネスに不可欠な要素かもしれない。

ビジネス・アイデア
―儲ける脳トレ―

もし、あなたが考えるとしたら、どのような「ペーパーランチョンマット」がコンビニにあると、手に取りたくなりますか？「ペーパーランチョンマット」は食事中は確実に目にします。使い捨てなので持ち帰ることもできます。紙なので、折ったり切ったりもできます。

「ご一緒に」キャンペーン お宿編

「同じお部屋がもう一部屋ご用意できます」

セールスポイント

「同じお部屋がもう一部屋ご用意できます」このキャンペーンで同行者が一組増えたら、販促費も手数料もかからない。

関連業種

旅館・ホテル、飲食店、宿泊予約サイト

妻「実家のお母さんから電話があって、温泉旅館の宿泊チケットが当たったんだって！」
私「わぁ、すごい！　俺はそういうキャンペーンに当たったことないなぁ」
妻「日頃の行い、良くないもんね」
私「……」
妻「でさぁ、お母さんが一緒に行かないかって。私たちの宿泊費は出すからって」
私「どういうこと？」
妻「鈍いわね。孫と一緒に旅行へ行きたいのよ。宿泊チケットが当たったのは本当だけど、いい口実なのよ」
私「なるほどね〜」
妻「ということで、行き帰りの車の運転はお願いします」
私「確か、お義父さん、出発と同時に車の中で（缶ビールを）飲むよなぁ……」

新型コロナウイルスの影響で旅行業界が壊滅的な打撃を受けた。自粛期間を終えたからといってもすぐには回復しない。もちろん待っていてもお客は来ない。そこで、苦肉の策でも、焼け石に水でもいい、一件でも宿泊者が増える策を考えてみた。

トリセツ

「『ご一緒に』キャンペーン　お宿編」のカラクリ

1 家族旅行の宿を宿泊予約サイトから一部屋予約

2 「予約確認メール」が届く

3 しばらくすると再びメールが届く。よく読むと自動送信のメールではなさそうだ。宿からの直メールだ（左ページ・コジマ様へ）

あざといと言われるかもしれない。しかし、仲介サイトは手数料が高く、カード決済なら、なお利益が減る。苦境の中、少しでも稼働率を上げ、収益を確保するための策として考えてみた。このキャンペーンで同行者が一組増えたら、販促費も手数料もかからない（※同行者は当日現金払い）。文面に「ご両親、ご兄弟家族、お友達家族」と具体例を書くと、読み手は読みながら考え始めるので書いた方がいい。

もし、ご紹介がなくても予約者が来館された際、特典で紹介した「ご当地名物」は提供する。すると「紹介できなかったのに！」とお客は感動、恩を感じて何かしてあげたくなる。

《メールの内容》

コジマ様へ

同じお部屋がもう一部屋ご用意できます。ご両親、ご兄弟家族、お友達家族など、ご一緒される方がいらっしゃいましたら、ご一緒にいかがでしょうか。お礼にご夕食のお料理に『ご当地名物の○○』をつけさせていただきます。もちろんご一緒いただきましたグループの方にもご提供させていただきます。

次も泊まってくれるとか、とても良かったよと友達に紹介してくれるとか。これもあざといが悪い気はしないし、お互いに損はない。恥を忍んでもいい、経営を続けることが一番大事。どんなに苦境でも諦めず「打てる手は全て打つ」。私も経営者の端くれとして、そう決意している。

ビジネス・アイデア
―儲ける脳トレ―

「お店に取りに来たらピザもう一枚無料」「スーツを二着同時に購入したら一着は半額」こんなキャンペーンはご存知でしょう。無料や半額のカラクリは販促費がかからないから。そこで、「もう一品」「もう一人」「もう一つ」キャンペーンをするなら、どんな業種でどんなサービスが考えられますか？

車中料亭

食材を使って生産者も守る

セールスポイント

泊まれないなら料理だけでも堪能していただく。料理が楽しめるだけで旅行気分が満喫できる。

関連業種

旅館・ホテル、観光地、自治体、レンタカー、食材の産地二〇二〇年七月上旬のある日曜日の朝のこと。夫婦二人で朝食を食べている時。

妻「ようやく日常に戻った感じね」

私「そうだなあ、カズヒロ（長男）は受験勉強で塾に行って、ケイスケ（次男）は部活に行って、あるべき日常になったね」

妻「でも、また新規感染者が増えてきたね……。『これから頑張ろう！』って思った矢先に」

「第二波、第三波は来る」と言われる新型コロナウイルス。ようやく自粛期間が明け、経済活動が動き始めたばかりだが、次の危機管理も大事だ。もし、次も売り上げゼロだったら企業も店舗も経営は耐えられない。

飲食業は、弁当販売や出前サービスで活路を見出したが、観光地の旅館やホテルは観光客がいないのだからそれもできない。そこで、こんなサービスはどうだろう。自家用車で来ていただくことを前提に提供するサービス。もちろん三密は回避できる。

自粛期間中に、農産物や海産物、牛乳などが廃棄される映像をたくさん見て、料理だけは提供し続けられないかと模索したら、このアイデアを思いついた。

トリセツ

「車中料亭」の対象とメリット

1 お客は自家用車で旅館に来る

2 「着いた」と連絡をすると指定された番号の駐車場に止める

3 すぐに仲居さんが来て、「品書き」を見せて注文の確認をする　※完全予約制

4 料理が運ばれてくるが、お客は乗車したまま、車内で食べる。料理は車内で食べやすいように重箱に詰めて提供してくれる　※お酒は提供しない

5 車内で食事をしながら、旅館の庭園を楽しむ

観光地の旅館やホテルは高台にある施設もあり、駐車場からの景色もいい。宿泊できないが料理だけでも堪能していただく。景色が良くない宿泊施設でも料理が楽しめるだけで来館者は旅行気分が味わえる。

夜間は地域をあげてライトアップして、展望台など眺めのいい駐車場は「車中料亭」として

利用し、少しでも売り上げを出して経営を守る。また仕入先である農業、漁業、酪農の生産者を助ける。持ち帰りのお土産も事前予約で受け付けたら、料理と合わせて多くの食材が使われ、生産者に貢献できる。

ビジネス・アイデア
―儲ける脳トレ―

コロナ禍では新幹線や飛行機など遠方から積極的に観光客を呼べませんが、車で一、二時間のエリアを対象に考えてみます。車で来て、車中でサービスを受けて、車で帰る。この制約をうまく利用します。例えばドライブインシアターのように映像（観光地）を観ながら料理を堪能したり、車椅子の方でも車に乗ったまま料理が食べられます。あるいはレンタカー業者と協力してキャンピングカーやワゴン車で来館するなど。もし、あなたが旅館の主人なら、これらの制約がある中でどんなサービスを企画しますか？

「その空席、私が買います」

商売人は空席でも稼ぐ方法を考える

セールスポイント

チラシを置いたり、シートカバーをかぶせたり、ぬいぐるみのような造形物だったり、空いた席を少し余裕のある方が支援のため買い取る。

関連業種

飲食店、映画館、コンサートホール、広告業、スポンサー、野球場、交通機関妻「待合室の座席で間隔を空けて座るために三つある席の真ん中に、クマやパンダのぬいぐるみが置いてある報道を見たけど、『座っちゃダメ』よりほっこりしていいね」
私「それは名案だね！　待ち時間が長いとイライラしがちだけど、ぬいぐるみがストレスを軽減してくれそう」
妻「でもカバンとか荷物を置きたい時に不便だから、カゴが置いてある方が実用的かも」
私「便利かもしれないけど、忘れ物が増えたらスタッフの仕事が増えるね……」
妻「なるほど……」
私「利用できる座席数で売り上げが変わる施設は、一席も潰したくないのが本音だろうなぁ」

ホールだけでなく、映画館、飲食店、ジェットコースターでも席を空けて座る様子が報道されていた。終息するまで待つしかないのだろうか？　いや待てないでしょう。
「よし、だったら、その空席は私が買おう！」というスポンサーはいないかな？

トリセツ

「その空席、私が買います」モデルの一例

1 コンサートホールの空席に、支援したい企業の広告をプリントしたシートカバーを期間限定で被せる支援モデル

2 飲食店の空席には、お取り寄せパンフレット、デリバリーパンフレットを置き、売り上げの足りない分を通販で補うモデル

3 乗物の席も広告スポンサーの広告媒体に活用するモデル

チラシを置いたり、シートカバーをかぶせたり、ぬいぐるみのような造形物だったり、空いた席を少し余裕のある企業が支援のために買い取る。

特にエンタメ業界は自粛が開けても苦しい状況に変わりない。エンタメは今日明日必要なものではないかもしれないが、たくさんの元気と勇気と希望をくれた恩がある。だから、これからも絶対いる。途切れないために継続的な支援が必要。

広告効果なんて野暮ことは言わない。

「その空席、私が買う」という企業、資産家、募集中！

ビジネス・アイデア
—儲ける脳トレ—

もし、あなたが空席を買うスポンサーだと仮定したら、その空席で何をしますか？

例えばプロ野球の球場の座席。テレビやネットで放送されるので広告効果は高い。

そこで、エリアごと買い取り、背もたれにプレートを置く。一定間隔で観客が座っているので一見モザイクのような絵になります。そう、これはクイズ。野球に興味がなくても見てしまいそう。シンプルなものこそ挑戦したくなります。「その空席、何に使いますか？」

漬け樽の和

「美味しい！」から支援も続く

セールスポイント

多くの方が参加し、長く支援活動を続けるには、支援した側に喜びや楽しさ、達成感、満足感が必要。

関連業種

ホームセンター、農業生産者、飲食店、農協、道の駅私「今週も野菜を持ってきてくれたの？」
妻「そうよ、今回はトマトとピーマン、きゅうり。夏野菜の季節よね」

とても贅沢なことだが、実家から年中野菜をたくさんいただく。しかし、私の実家と妻の実家の両家から届くため、正直食べ切れません。

私「両家の実家が近いから採れる野菜も同じ、採れる時期も一緒だからな……」
妻「いいじゃない、料理得意でしょ！」

そこで、私が浅漬けをつくる。きゅうり、なす、キャベツ。味つけも変えながら、子供があきないように。漬物はたくさんの野菜を使うし、保存もきくから一石二鳥だ（余談ではあるが、レシピサイトは本当に助かっている）。

さて、コロナ禍の自粛要請で飲食店が営業できなくなり、それに伴い多くの農産物が廃棄を余儀なくされたという報道を見て、心を痛める。そこで、わずかでも捨てる野菜が少なくなるように、こんなイベントを考案。自分で漬けた漬物は格別だ。

トリセツ

「漬け樽の和」で広がる可能性

ピピッ！　携帯電話にホームセンターからメールが入った。

「漬け樽の和」の会員のみなさまへ

○○○市の農家さんでたくさんのキャベツが採れました。採れたてのキャベツで漬物をつくりませんか？ご希望の方は、下記からお申し込みください。先着30名様です。

場　所：ホームセンター駐車場
日　時：今週末の日曜日
　　　　朝9時～10時
参加費：2000円（実費）

当日、参加者はホームセンターに集まり、駐車場で「漬物イベント」を開催。漬物の樽など必要な物はすべてホームセンターが用意。講師の指導のもと、慣れた人も初めての人も一緒になって漬物をつくる。「大根」「キャベツ」「白菜」など、漬物にしたらそれはそれは美味しい。漬物は野菜を大量に使い、保存がきくのでたくさんつくっても大丈夫。

イベントは、ホームセンターの広い駐車場を活用して屋外で密を避けて開催。イベントの際は駐車場の規制が行われ、他の来店者の抑制にもなる。来店者も「農家を支援するイベント」と理解すれば納得するだろうし、次回の参加につながる可能性も。

「今、農家が大変だからお金を出す」「必要以上に買い支える」だけでは、支援は続かない。多くの方が参加し、長く回数多く支援活動を続けるには、支援した側に喜びや楽しさ、達成感、満足感が必要。

また、地域の飲食店も参加して漬物を店で無料で提供し、イベントや支援をＰＲできたら最高だ。

ビジネス・アイデア
―儲ける脳トレ―

ホームセンター以外に道の駅でもこのイベントはできそうです。漬物以外にも地域に伝わる伝統料理で保存食をつくったら面白そう。そこで、もし、あなたが参加するとしたら、秋・冬に向けてどのような食材を使ってどんな料理をつくりたいですか？

ビニールカーテン大作戦

標準にしたら、こんなに面白い！

セールスポイント

ブルー系のビニールカーテンにしてイライラ防止、季節感を出して華やかに、刃物でも破れない防犯カーテンに。

関連業種

小売業、接客業、広告業、什器・店舗デザイン

《知り合いのドラックストアに勤める店員の「ちょっといい話」》
「二〇二〇年四月のある日、小さなお子さんを連れた三〇代のお父さんが来店されました。マスクの在庫がない旨をお伝えすると、『ニュースで見ましたが、本当にないんですね。従業員さんのご負担が増えて本当にご苦労様です。無理しないで、頑張ってください』と言ってくださいました。すると隣にいたお子さんもカワイイ声で、『がんばって！』と。こんな時こそ、人の言葉の温かさが身に染みるのだと思いました」

イライラと不安で店員に当たるお客もいるが、ほとんどのお客は感謝している。私からも、「店員さん、頑張って！」。

当初は違和感のあったレジの「ビニールカーテン」。飛沫防止が目的。効果については賛否両論あるが、毎日何十人、何百人のお客と向き合っている店員の不安を和らげるなら、それだけで効果あり。一ヶ月もすると慣れるもんです。私はもう慣れた、違和感なし。

そこで、「ビニールカーテン」をレジに標準装備にした場合の活用法について考えてみた。

トリセツ

「ビニールカーテン大作戦」の活かし方

1【ブルー系のビニールカーテンにしてイライラ防止】街灯をブルー系の照明にして地域の犯罪が減少した事例があり、ブルー系にしたらクレームが減る可能性がある。試す価値あり

2【季節感を出して華やかに】お客と向き合うスペースは無色透明で、その周囲を花柄にしたり、デザインを加える。季節感を出して店内をパッと明るくする。お客は必ず目に入るから、朝の出勤前の憂鬱な時は心が癒されるかも

3【刃物でも破れない防犯カーテン】透明だけど刃物で襲いかかっても破れないカーテンにしたら店員には心強い。カーテンが邪魔になるから、犯罪自体が減る可能性もある

4【1〜3をロール状にして時間帯によってベストなビニールカーテンを下ろす】店内が効果的に演出できるほか、取り外しが楽になれば洗浄しやすく、より清潔に保てる

お客が「邪魔だ」と言うから外しましたではなく、店員あっての商売なので、店員を守る観

点からも「ビニールカーテン」は新常態（ニューノーマル）であっていい。

コンビニやスーパーがキャンペーンを打つ時、キャラクターやアイドルグループがビニールカーテンにプリントされていたら、スマホで写真を撮るお客がいるかも。店によって柄が違ったら、なおユニーク。コンプリートしたくなる。

ビジネス・アイデア
―儲ける脳トレ―

レジの「ビニールカーテン」は誰しもいろいろ意見はあるでしょう。しかし、排除するのは簡単だけど、活かす方法は必ずあるはずです。むしろビジネスにプラスに持っていく発想が「ニューノーマル」には必要。もし、コンビニの販促キャンペーンで活用するとしたら、あなたはどんなアイデアが考えられますか？

「夜のホコ天」解放区

賑わいが人を集め、街を元気にする

セールスポイント

夜七時〜一〇時（仮）まで飲食店街の車道を閉鎖して「歩行者天国」として解放する。

関連業種

飲食店、自治体・警察、商店街

妻「きょう、ランチで中華料理屋さんに行ったの。そこの店は、カウンター席は一つ飛ばしで、テーブルの席は四人掛けが二人掛けになっていた」
私「飲食店にとって効率が悪いよねぇ」
妻「やっぱり厳しい？」
私「半分の座席数なら、二倍お客を回転させないと今までのように利益は出せないからね。単価を上げるか、ランチタイムの時間を延長するか」
妻「だったら、食べたらすぐにお店を出た方がいいね」

ある劇場の一枚の写真がネットで話題になった。三九八席あるホールでソーシャルディスタンスを保って座ると六〇席が限界だという写真。そのネット記事には「思わず笑ってしまったが、ちょっと笑えない未来」というコメントが……。本当に笑えない。

今すぐ解決できる名案が、私に浮かばないのが本当に悔しい。しかし、飲食店についてなら、今思いついた。自治体の協力のもと、こんな「解放区」を設けてはどうだろう？

トリセツ

「『夜のホコ天』解放区」で、飲食店の座席を増やす

1 夜七時〜一〇時（仮）まで飲食店街の車道を閉鎖して「歩行者天国（ホコ天）」として解放する
2 飲食店は店前のエリアにテーブル・椅子（パラソル）を置いてお客に利用してもらう

なぜ、歩行者天国なのか。店内をソーシャルディスタンスを保って座席を利用するとすぐに満席になってしまう。だから、席数を確保するために「ホコ天」を利用する。

新型コロナウイルスの自粛期間中は、飲食店にはとても協力していただいたので、自治体はこれくらいの許可は出しましょう。近隣の住民に迷惑がかからないように配慮しつつ、「エリア限定」「時間制限」で解放して活気を取り戻す。もちろん「三密」にならない工夫はする。


夜、外で飲むとテンションが違う。五割り増しで楽しくなるのは私だけ？

一層の事、シャッター街の商店街を復活させて、閉店していたお店を開けて商店街一帯を

「特区」にしてはどうだろうか？

ビジネス・アイデア
ー儲ける脳トレー

もし、道路を閉鎖して「歩行者天国」にするのはハードルが高いということになれば、他にいい場所はないでしょうか？　例えば、ビルの屋上はどう？　店は出張することになりますが、営業しやすく屋上はさらにテンションが上がります。ソーシャルディスタンスに配慮するには、どうしてもスペースが必要になるため、利用していない場所・時間を探して営業するしかありません。あなたが店主なら、どこで営業しますか？

リモートワークをしながらモニター支援

非接触「接客」の満足度調査をやります

セールスポイント

非接触でどれだけ満足のゆくサービスが提供できるか、満足度調査のため、モニターとして宿泊する。

関連業種

旅館・ホテル、リモートワークができる企業妻「リモートワークは快適？」
私「もともとがリモートワークみたいな仕事環境だから、特にないよ」
妻「そうだよね、仕事しているか遊んでいるか、昔からわからないもんね」
私「遊んでいるようで仕事をしているなんて、カッコよくない？」
妻「うちの子供たちは未だにお父さんの職業は？と聞かれて困っているようだけどね」
私「……。でも、リモートワークが普及して、平日の昼間でも堂々とご近所が歩けるのはありがたいなぁ」
妻「お願いだから、ちゃんとした格好で出歩いてよね」

「三密を避ける」。これだけで経済を瀕死に追い込むのだから、ビジネスは人との接触がないと成り立たない事をコロナ禍で痛感した。

ウイルスとの戦いは収束はするが終息は難しいと言われる。あらゆるリスクを想定すると、再び緊急事態宣言が発出して自粛要請される可能性もゼロではない。しかし、もう第一波の時のように休業はできない。そこで、収束中にこんな支援活動を考えた。もし、私に依頼があればば全国どこへでも行きます！

トリセツ

「リモートワークをしながらモニター支援」の日程

第一日目

会社で仕事が終わったら、依頼があった旅館へ向かう

20：00
　旅館に到着。チェックインを済まして部屋へ

20：30
　自室の風呂に入る。その間に料理が運ばれる

21：00
　自室で食事

21：30
　仕事を始める

23：00　就寝

第二日目

06：00　起床

06：15　朝の散歩

06：30　自室で朝食

07：00
　自室でまったりと読書

08：00　仕事開始

09：30
　オンラインミーティング開始

10：30
　再び自分の仕事

12：30
　昼食は旅館周辺の食堂から出前、自室で食べる

13：30
　仕事を始める

・
・
・
・
・

おおよそこのようなスケジュールで二泊三日の旅館でのリモートワークを体験。

実は、この旅館にいるリモートワーク期間は、旅館のスタッフや他の宿泊客とは非接触。理由は再び緊急事態に陥った時、宿泊客ゼロを防ぐための危機管理。支援したい企業が支援してほしい旅館に自社の社員を送り込み、非接触でどれだけ満足のゆくサービスが提供できるか、満足度調査のためモニターとして宿泊する（※もちろん宿泊期間は衛生管理も徹底する）。

万が一、再び緊急事態宣言が出れば一般客は制限される可能性があるため、リモートワークのビジネスパーソンの宿泊を想定。

《調査内容》

（1）リモートワークが満足にできるか環境調査
（2）本当に非接触でサービスは提供できるか
（3）男女差、年代差、業務内容で不満は出ないか
（4）少人数グループには対応できるか
（5）オンラインミーティングの遮音はできているか

実験→改善→再実験を繰り返した後、情報公開して「緊急事態の時でも旅館はリモートワーク対応ができること」を宣言。国、自治体に『認可』を得て、万が一に備える。

収束後、旅館は一般客の宿泊を希望するので、実験は週末を外して平日の比較的空いている日に実施。「宿泊支援」にもなり、一石二鳥。

ビジネス・アイデア
―儲ける脳トレ―

「非接触で接客業は成り立つか？」この命題は今後テーマになりそうです。フルサービスの旅館・ホテルでも「接客なしコース」のサービスが登場するかもしれません。私が旅館やホテルにこもって執筆活動や企画書作成をする場合、布団はいらないし、食事もいらない。でも温泉は入りたい。そんな選択もありかも。もし、あなたがホテル・旅館の新しい利用方法を考えるなら、どんなコースのアイデアがありますか？

第2章

少しの工夫で効果抜群！

ウィズコロナ時代の「改良ビジネス・アイデア」

清潔感も「見える化」

念には念が必要な時代

セールスポイント

使用後の除菌から店内の様々な菌が付着するのを防いでいるのが視覚化され、親はとても安心できる。

関連業種

ファミレス、飲食店、クリンリネス、フードコート妻「きょう、ランチを食べにいつもの洋食屋さんに行ったら、いつもテーブルに置いてあるソースや塩が置いてなくて、料理と一緒に店員さんが持ってきたよ」
私「飲食店は気を遣うよね。特に不特定多数の人が触る物は除菌が大変だ」
妻「テーブルも店員さんが拭いてくれているけど、その雑巾はキレイなの？　と疑ってしまう自分がいやだなぁ」
私「わかるわぁ、その気持ち」

ビジネスホテルに泊まると室内のスリッパから洗面台のコップなど、様々な物に「除菌済み」の札が付いている。やり過ぎ感も少々あるが、私自身は潔癖性ではないが、悪い気はしない。ビニール袋を破ってスリッパを出したり、便座の「消毒済み」の帯をとるのはちょっとした快感だ。

さて、赤ちゃんはあちこちの物をなめたり、口に入れたり、テーブルの上に落ちた食べ物でも平気で口にする。今回の新型コロナウイルスだけでなく、インフルエンザやノロウイルスなど様々な感染が〝日常化〟しており、特に幼い子がいる親は心配だ。そのため、赤ちゃんが使うモノこそ、除菌に気を遣いたいところ。そこで、こんな「清潔感の見える化」を考えてみた。

レストランなど飲食店でよく見かける幼児用の椅子。赤ちゃんが使っている場面をよく見かけるが、椅子に付いているテーブルをなめている赤ちゃんも時々見かける。
そこで、使用後は店員がしっかり除菌スプレーと除菌タオルで拭きとり、その後は「除菌済み」カバーを椅子全体に掛ける。

トリセツ

清潔感の「見える化」サービスは、集客の要

1 カバーを掛けたままお客のテーブルに持って行き、その場でカバーを外す。こうすることで、使用後の除菌から店内の様々な菌が付着するのを防いでいるのが視覚化され、親はとても安心できる

2 幼児が使うフォークやスプーン、お椀を持ってきた時、専用の除菌ケースに入っていると安心する

3 使う時はそのケースからお客自身が取り出し、使用する

4 幼児が食べる席の前には専用の除菌マットを敷く

ちょっとやり過ぎかもしれないが、特に幼児は抵抗力が弱く感染しやすいため、親として外食の際はより気を遣う。このサービスを受けた親はこのお店をまた選んでくれるはず。子供と行きたいお店は母親だけでなく、夫婦だったり、祖父母も一緒に来てくれる可能性があり、集客効果が期待できる。

ビジネス・アイデア
―儲ける脳トレ―

ウイルスは目に見えないだけに、お客様に安心して利用してもらうには清潔感の見える化は重要です。テーブルを拭いた後は『除菌済み』プレートを置くとか、「当店の食器はオゾン殺菌しています」など、対策をしているお店はどんどんアピールすべきです。そこで、「ウィズコロナ時代」の「清潔感の見える化」を考えてみましょう。余談ではありますが、ラーメンの行列店は『ソーシャルディスタンス日傘』をつくって店先に並ぶお客様に使ってもらったら、お店の姿勢が一目でわかります。

「ちょい呑み客」への先手接客

ビール一杯の追加だけでも客単価は大きく変わる

セールスポイント

客単価アップのアイデア。来店目的が一目でわかり、一手先を行く接客サービスができる。

関連業種

ファミレス、飲食業、広告業、接客業

妻「何だか、自分が神経質になったみたいでいやだわぁ……」
私「どうしたの？」
妻「きょう、友達とランチをしたんだけど、ファミレスのテーブルがベタベタで……。拭いた直後だったみたいだけど、あまり清潔に感じなくて」
私「わかるわぁ〜、コロナ禍だからみんな気になるのよ」
妻「自分でランチョンマットを持ち歩こうかしら」

今回の新型コロナウイルス以降、客側の衛生意識の高まりから、第1章でご紹介したように「ペーパーランチョンマット」を使う飲食店が増えるのではないかと勝手に予想している。

さて、定食屋やラーメン店が客単価アップを狙い、ビールやチューハイなどアルコールを提供するケースが増えている。居酒屋と違い、はじめから〝ちょい呑みコース〟を提供するお店なら生ビール一杯とおかず一品だけでも気兼ねなく注文できる。ファミレスも低価格ワインのメニューがあったりと、アルコールが気軽に楽しめる。

そこで、「ペーパーランチョンマット」を使った客単価アップのアイデアを思いついた。もし、一目で「ちょい呑み客」とわかったら、店員も他の客とは違う接客サービスができるのでは。

トリセツ

「『ちょい呑み客』への先手接客」のポイント

1 例えばファミレスにて、お客が「ちょい呑みコース」を注文したとする

2 店員は注文の品をテーブルに並べる際、「ちょい呑みコース」の方には、他の客とは違う風情のある柄のペーパーランチョンマットをテーブルに敷く

3 このランチョンマットは、ファミレスでも小料理屋の雰囲気でお酒を楽しめるようにというサービスが目的だが、実は〝裏〟の狙いがある

4 店員が一目で「ちょい呑みコース」客とわかること

トリセツ

一目で「ちょい呑み客」とわかるメリット

◎アルコールのお替わりが勧められる
◎料理の追加が勧められる
◎デザートやお茶漬けなどの締めの品が勧められる

ファミレスには、食事に来ている家族やコーヒーを飲みながら読書をしに来ている客など、さまざまな目的で来店されている。通常は、最初に注文したら、呼ばれない限りすすんで接客しない。逆にせっかく客同士で話が盛り上がっているのに店員が話しかけたら、クレームになる恐れも。しかし、一人で飲みに来ているお客なら、「生ビールのお替わりはいかがですか？」など、多少〝居酒屋風〟の接客でも許される。

ビール一杯（アルコール）の追加でも客単価は大きく変わる。そのため、広い店内でも一目で「一人で飲みに来ている客」とわかれば、どの店員も接客がしやすくなる。ちょっとしたアイデアだが、現場の一杯一品を増やす工夫が、お店全体（企業）の売り上げに大きく影響する。これからはグループ客より個人客が増えそうだ。

ビジネス・アイデア
―儲ける脳トレ―

もし、お客様の来店目的がわかったら、最適なおもてなしができると思いませんか？　例えばカフェなら、くつろぎたくて来たのか、がっつり仕事がしたくて来たのか、気分転換にコーヒー一杯だけ飲みにきたのか。そこで、カフェを例に来店目的が一目でわかるツールを考えてみましょう。

エンジョイ・キャッシュレス・ライフ

一度体験したら、この便利さからは逃れられない

セールスポイント

キャッシュレスサービスは利用者が増えるほどレジがスピーディになり、店員との接触時間が短くなる。

関連業種

大型ショッピングセンター、キャッシュレス、スマホアプリ

私「キャッシュレスサービスは使ったことある？」
妻「う〜ん、セルフのガソリンスタンドくらいかな」
私「えっ？　財布がパンパンになるくらいポイントカードは持っているのに！　絶対に便利だって」
妻「便利かどうかではなくて、現金がいいの！　カードで支払うと今月いくら使ったとか、残高はいくら残っているとかわからないのが好きじゃないから」

「財布からお金を出して支払うことなんて大した手間ではない」と思っていたけど、いざキャッシュレスサービスを使うと本当に便利なんだよなぁ。出張に行っても、新幹線に乗る、コンビニでコーヒーを買う、ホテルにチェックインする、駅でお土産を買う。すべてキャッシュレスで済み、財布を出さないこともよくある。ただ、東京のコンビニで「トイカ（TOIKA）で」と言っても通じないことが名古屋人には寂しい。

また、最近ハマったのがコンビニのセルフレジ。もうレジで待てなくなった……。

さて、キャッシュレスで思いついたアイデアをご紹介。広告を打って集客するより、確実にお金を使ってくれる。体験したらもう抜け出せない？

トリセツ

「エンジョイ・キャッシュレス・ライフ」の活用例

店舗：大型ショッピングセンター

1 店舗に入ると最初にすることはカード（あるいはアプリ）へのチャージ

2 六〇〇〇円（仮）チャージすると六〇〇ポイント（仮）が付いてくる。そう六〇〇〇円で実質六六〇〇円使えるキャンペーン

3 ただし一店舗で使えるポイントは最大二〇〇ポイントまで、ポイント期限は当日のみ。もちろん支払いはキャッシュレスで

例えば

・飲食店で二〇〇〇円以上食べたら二〇〇ポイント使える
・食料品売り場で二〇〇〇円以上使ったら二〇〇ポイント使える
・服を二〇〇〇円以上買ったら二〇〇ポイント使える

家族でショッピングセンターへ行き、遊んで食べて買い物したら六〇〇〇円くらい使ってし

まう。どうせ使うなら、最初からチャージしてポイントを有効活用した方がいい。そして、知らぬ間にキャッシュレスの便利さを体感してしまう。

利用者が増えることでレジがよりスピーディになり、店員との接触時間が短くなる。支払いの時、セルフレジを使えばさらに五〇円割引なら、なお利用したくなる。

高速道路のETCも「高速一〇〇〇円」の時に初めて使ったけど、もうETCの便利さからは抜け出せないなぁ。ただ使い過ぎには気をつけないと後が恐いが……。

ビジネス・アイデア
―儲ける脳トレ―

旅行に行っても、テーマパークへ行っても、私は積極的に「体験サービス」に参加しない面倒臭さがり屋です。子供が小さい頃もその手の体験は妻に任せ、見学するダメな父親でした。しかし、イヤイヤでも体験すると楽しくて思い出にも残ります。だから、体験へ導くキッカケづくりがポイント。例えば、「セルフレジ」を体験してもらうとしたら、どのようなキッカケづくりがいいでしょうか？　今回は割引やポイント進呈はしない条件でお考えください。

瞬速三分飯セット

「消費行動」の視点から売り場をつくる

セールスポイント

いわゆる「提案販売」だが、各売り場への誘導にもなり、商品の発見にもつながる。

関連業種

スーパー、コンビニ、ショッピングセンター、食品メーカー

「パックご飯」を製造しているメーカーを特集しているテレビ番組を観た。一人暮らし用に開発した「パックご飯」だが、当初コンビニでは全く売れず、最初に火が点いたのは大阪のスーパーだった。大阪の主婦から「一人分の昼食にぴったり」と口コミで広がったそうだ。商売ってどこで火が点くかわからんなぁ。

最近は、一食分（パックご飯一個）がカロリーコントロールしやすいため食事制限にも有効だとか。

我が家もステイホーム期間にパックご飯を買ってあったが、いつの間にか減っていたので大食いの息子たちではないことは確かだ。

そこで、こんなアイデアが閃いた。手軽さ、手早さで考えたら、「パックご飯」以外にも気づかないだけで、すぐに食べられる食品はたくさんある。火を使わない調理なら小さいお子さんがいる家庭でも安心だ。

トリセツ

「瞬速三分飯セット」で商品を提案

たとえば、こんなコンセプトの「売り場」を設置する。

《セット》◎ご飯　◎みそ汁　◎牛肉コロッケ　◎サラダ

これらの商品は、帰宅後、三分以内で準備ができ、すぐに食べられる商品ばかり。実は、これらの商品はどこのコンビニ・スーパーでも販売しており、知っていればすぐに買える商品。

◎ご飯…パックご飯

◎みそ汁…お湯を入れるだけのみそ汁

◎牛肉コロッケ…冷凍食品

◎サラダ…惣菜（冷蔵）

しかし、売り場がそれぞれ違い、こういう買い方をするお客はなかなかいない。特に冷凍食品や冷蔵食品は、それぞれ冷凍ショーケース、冷蔵ショーケースで販売されており、目的買いのお客しか目につかない。実際、惣菜をレンジで温める程度の時間でできる冷凍食品（お弁当用）もたくさんあり、おかずを一品追加するにはちょうどいい。

この売り場では、各料理で使った「商品パッケージ」とその商品が置いてある「売り場」を紹介する。※本来なら商品を集めておき、すぐにセット購入できると便利なのだが、冷蔵・冷

凍食品なので売り場紹介のみ。

さらには、総カロリー数と一食あたりの金額もあわせて表示。※冷蔵・冷凍食品は（一パック六個入り）など、小分けできる商品も多いため、金額は個数で割った金額。

これはいわゆる「提案販売」だが、各売り場への誘導にもなる。コンビニへ毎日のように行っている人でも、冷凍ショーケースは覗いたことがない人も多いのでは？　ちょっと覗いてみるとなかなかの品揃えで、手早く美味しくいただける食品もたくさんある。

ビジネス・アイデア
―儲ける脳トレ―

新型コロナウイルスで突然、生活スタイルが変わってしまいました。最初にトイレットペーパーが店頭から消え、続いてマスクが消え、保存食のインスタントラーメンが品薄になり、ホットケーキミックスがネットで高値で転売されるようになりました。急な変化には商品そのものは対応できません。そんな時こそ、商品のセット販売が効きます。「どう括るか」これこそ、現場力（臨機対応力）が養われます。そこで、リモートワークで自宅にいる日が多くなり、弁当に飽きてしまった人向けにコンビニにある商品でどんな提案（セット内容）ができるか考えてみましょう。

「EX・SHOP」マーク

買った瞬間が最も使いたい瞬間

セールスポイント

「衝動買い」を逃がさないために、リアル店舗にこそ欲しいお客を〝引き寄せる〟サービス。

関連業種

カバン屋、アパレルショップ、靴屋、宅配業者出張先で空き時間ができると駅ナカや百貨店など、駅周辺をブラブラと散策する。そんな時に限って、キャリーバッグや靴が欲しくなる。

私「う〜ん、欲しいけど、今は買えんな……」

買ってしまうと荷物が増えて移動が不便。そんな話を妻にすると、

妻「理解できないわぁ」

私「無い物ねだりというか、買ってはいけない時に限って欲しくなる衝動ってないかなぁ」

妻「というより年中物欲が強すぎるんじゃない」

私「……」

まぁ、私の物欲はさておき、衝動買いを促すこんなサービスはどうだろう。買った瞬間が最も使いたい瞬間。

★EX・SHOP★
新品を買って、
旧品は無料で自宅へ

※このステッカーを店頭入口に貼る。

宅配業者がこんなステッカーをサービス指定店に提供する。

例えば、観光地や空港で気に入った靴があった。その靴を買って今すぐ履きたいけど、履いている靴もあるし、持ち歩くには荷物が増えるから……。

トリセツ こんな時に便利な「EX・SHOP」というアイデア

1 新品を買ったら無料で履いていた靴を自宅まで配送してくれる

2 とっても気に入ったキャリーバッグを見つけたら、その場で買って中身を入れ替えて、元々持っていたカバンは自宅へ

3 出先で一目惚れした服を買ってその場で着替えて、着ていた服は自宅へ

おそらく今でも、お店に頼めば指定の場所へ送ることができると思うが、あえて店頭にステッカーで表示したら、購入動機になる可能性がある。特に、観光地や空港、駅など、移動中にある店舗では。

ステッカーを宅配業者が支給するのは、サービスを表すマークを統一しやすいから。お店ごとに違ったり、言葉で表示していてはお客には一目ではわからない。

「衝動買い」のお客を逃がさないためにも、リアル店はこんな〝引き寄せる〟サービスはどうだろう。「あとで買う」となると、ネットショップに顧客を奪われてしまう。

コロナ前の状態に戻るにはまだまだ時間がかかる。ひょっとしたら戻らないかもしれない。そのため少ない客を相手に商売するなら単価を上げる必要があり、このサービスなら大きな買い物ができる。今まで観光地には不向きだった店舗が出店して成功するかもしれない。

ビジネス・アイデア
―儲ける脳トレ―

実店舗の強みは、買った後すぐに手に入ること。当たり前のことですが、ネットでは購入後から受け取りまでにタイムラグがあります。そのため、実店舗にとって「衝動買い」は最も攻めるべきポイントの一つ。では、どうしたら心置きなく通りすがりのお客（出張者や旅行者など）が「衝動買い」できるだろうか？　このネックを一つずつ潰していけば、欲しい時に買いたくなるお店になります。例えば、靴店は「EX・SHOP」に追加して、「新品でも履きやすいように柔らかくいたしますJ」というサービスができます。洋服店では、折りたたんであった服なら「折り目を伸ばします」というアイロンサービスができます。

個性を楽しむ「デコスリッパ」

衛生管理はユニークに

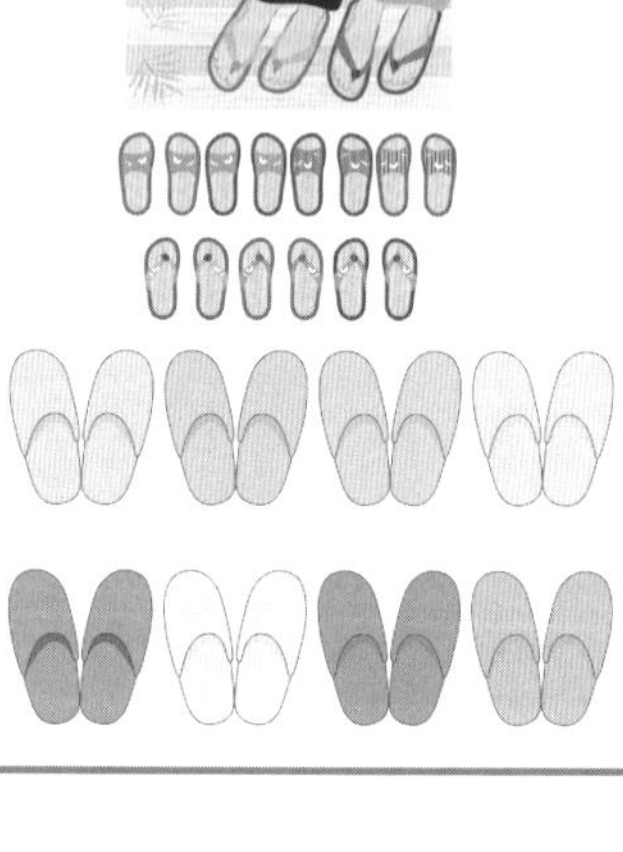

セールスポイント

デコスリッパのメリットは、他人のスリッパを履かなくてもいい点。風呂上りに他人の生温かいスリッパはちょっとつらいですから。

関連業種

旅館・ホテル、温泉、スーパー銭湯

クレーマーではないが、以前から「旅館に泊まってこれだけは嫌！」ということがある。それは、他人のスリッパを履くこと。

気持ちのいい温泉から上がって部屋へ戻る時に、生温かいスリッパを履いた時、いや〜な感じ。大広間で食事を食べる旅館でも同じ。旅館の場合、素足が多いので特にいや〜な感じに。

潔癖症ではないが、皆さんはそんな思いをしたことはないですか？　そこで考えた〝逆転の発想〟。記念に持ち帰る人、続出!?

トリセツ

「デコスリッパ」で個々を楽しむ

温泉が自慢の旅館に家族で泊まることになった。ロビーでチェックインをしている時、ふと通りかかったお客の足元を見て、一つ気づいたことがある。

（派手なスリッパだなぁ……）

しかも、一人一人違うようだ。

不思議に思いながらも、チェックインを済ませ、部屋に案内される。旅館のスタッフが一通り説明を終えると最後に、入り口に置いてある箱について説明があった。

スタッフ「この箱には、スリッパを自分の好みにデコレーションできるシールやはさみ、ペンが入っています。ご宿泊を少しでも楽しくお過ごしいただけるようにこのようなサービスをしております。よろしければ、デコレーションをお楽しみください」

箱の中には、今までお客がつくったデコスリッパの見本写真が入っていた。

妻「へぇ～、面白いね！」

子供「僕もやる！」

旅館に着いた時の疲れがいつの間にか吹っ飛び、家族で夢中になってデコスリッパをつくった。

早速、デコスリッパを履いて温泉へ向かう。すると、なんと華やかなんでしょう！　多くの人がデコスリッパを楽しんでいる。何といってもデコスリッパのメリットは、他人のスリッパを履かなくてもいい点。風呂上りに他人の生温かいスリッパはちょっとつらいですから。

そういえば、ロビーにはいろいろなスリッパの写真が飾ってありました。

ネット投票！ みんなで選んだ《ベスト オブ デコスリッパ》

非日常の旅行中は、余すところなく楽しみましょう♪　デコスリッパは持ち帰れます。「共有を避ける」というより「個々を楽しむ」でニューノーマル（新常態）の時代を乗り切ろう。

ビジネス・アイデア
―儲ける脳トレ―

神経質になりがちな衛生管理。不謹慎にならない程度に、「クスッ」と笑えると皆幸せになれる。例えば、ビジネスホテルの洗面用具のビニールカバー。季節感があったり、形に応じて動物柄にしてみたり。この本で紹介しているアイデア（P五六）でファミレスの幼児用椅子のカバーをキャラクターにしてみたり。そこで、「衛生管理はユニークに」をコンセプトに、何かユニークな衛生管理の方法を考えてください。

見に行くだけでも楽しい「アパレルショップ」

試着室がいらないお店

セールスポイント ポージングやまとう服は、毎日変えることで売り場に動きをつくり、見る者を楽しませる。

関連業種 アパレルショップ、マネキン製造、店舗デザイン、コーディネーター、スタイリスト私「服を買う時って、試着する？」
妻「私はあまりしない方かな。簡単に羽織れる上着ならするけど」
私「女性は洋服選びのプロセスで試着するけど、男性は選んだ洋服のサイズ合わせで試着すると言われているから、女性と男性では試着する意味が違うらしいよ。ちなみに私は、まったく試着しない。サイズもほぼ見たまま」
妻「えっ、買った後にサイズが合わなかったら、どうするの？」
私「あ～残念って思って、着ない」
妻「……」

「アパレルショップに来店した人の中で、何％の人が試着室を使うだろうか？」

この問いについての答えはさておき、もし接触することを極力避ける世の中になったら、アパレルショップで試着する行為は今後嫌われるだろうか？　実際、アメリカでは、「試着室は店内で最も感染リスクの高い場所だ」ということで、試着室の利用を禁止しているアパレルブランドがあるそうだ。

そこで、振り幅最大にして「試着室のないアパレルショップ」を考えてみた。

商品のすべては店舗の壁面に格子状に区切った棚の中に入れ、店舗の中央にはマネキンを配置。例えば、マネキンは全部で三〇体。一五体がレディース、一〇体がメンズ、五体がジュニア。ここに並べるマネキンはモデル体型ばかりではなく身長や体型がさまざまで、いわゆる一般的な人をモデルにしたマネキン。

トリセツ

「アパレルショップ」のマネキン・ポージング例

- 椅子に座ってパソコンを使っている姿
- カバンを持って颯爽と歩いている姿
- 自転車に乗っている姿
- 複数人で立って談笑している姿
- 車を運転している姿

など、さまざまなシーンをマネキンで表現する。太陽光に近い照明（屋外シーン）を使うと見映えが違ってくる。また、カップルであったり、夫婦であったり、子供連れの家族であったり。それぞれのマネキンには参考データ〈身長、ウエスト、股下、胸囲、袖など〉が表示されており、着ている服も商品名とサイズがわかる。

トリセツ

「アパレルショップ」での商品の買い方

1 お客はマネキンを見て服を選ぶ
2 気に入った服があれば、壁面の商品棚から自分のサイズを探す
3 商品が見つかれば手にとってレジへ

このアパレルショップは、試着室がないというより「試着室を必要としないお店」を目指す。マネキンのポージングやまとう服は、毎日変えることで売り場に動きをつくり、来店者を楽しませる。その日のテーマやコンセプトはショップのホームページで公開。

洋服によって立っている姿は素敵だが、座っている姿は映えない場合もある。仕事で座っている時間が長い人は座った姿が素敵な方がいい。また、正面より横からの姿を見てほしい人も

いる。

マネキンに「ジョージ」「キャサリン」など一体ずつ名前を付けたら、なおユニークかも。

「最近、ジョージは食欲旺盛でウエストが五センチアップしました」とコメントを付けたら、もう人気者だ。

ビジネス・アイデア
ー儲ける脳トレー

華やかで、キラキラしたイメージのアパレル業界だが、洋服を販売しているショップは画一的でワクワク感が伝わってきません。もっとぶっ飛んでいていいのでは。それこそアパレルショップは「買わなくても行きたくなるお店」であってほしいです。例えば、路面に面したショーウィンドウでは、「ライブコマース」の撮影をしているとか、セレブが店舗を貸し切って洋服を買う「セレブショッピング」を会員限定で開催するとか。三密回避の時代だからこそ、従来の発想は捨てて単純に「面白い！」「ワクワクする」店舗づくりを考えてみましょう。

ピンチをチャンスに！

廃校は資源だ

「危機管理室」を設置、税金に頼らない運営を目指す

セールスポイント

緊急時は病棟や検査機関、平常時はレンタルオフィスやオンライン授業収録スタジオ、学習塾への貸し出し。

関連業種

文部科学省、自治体、学校施設、レンタルオフィス・シェアオフィス、スタジオ、学習塾

テレビを観ながら妻が呟《つぶや》く。

妻「このドラマに出てくる校舎は、別のドラマでも見たような気がする……」

私「きっと廃校になった校舎なんだろうね。自治体によっては映画やドラマの撮影を誘致しているから」

妻「子供の数が減って、学校の統廃合が増えているから廃校も多いでしょうね。『お化け屋敷』になるより、撮影で活用される方が地元にとっても嬉しいわね」

私「アニメのモデルになると〝聖地〟になることもあるからね」

公立学校の廃校施設の活用状況（平成三〇年五月一日現在　文部科学省）

廃校数七五八三校（平成一四年度〜平成二九年度）

小学校：五〇〇五校、中学校：一四八四校、高等学校：九八〇校、特別支援学校：一一四校

施設が現存し活用されているものが全体の七五％あるが、現存しているが活用の用途が決まっていないものが全体の二〇％弱（一二九五校）もある。

そこで、「緊急時」と「平常時」で使い分けることを前提に、活用用途が決まっていない廃校をこんな使い方で活かしてはどうだろう。

トリセツ
「廃校」緊急時の施設利用

1 感染症、災害救護などの緊急病棟へ
2 感染症の検査機関
3 医療従事者の専用宿泊施設

緊急時の施設利用を主目的として、施設内の間取りやレイアウトを決定する。この間取りやレイアウトに支障がない業種を誘致する。

トリセツ

「廃校」平常時の施設利用

1 レンタルオフィス・シェアオフィス
2 オンライン授業収録スタジオ
3 分散学級
4 学習塾への貸し出し

オンライン授業は今後、日常的に導入されていけば専用の収録スタジオがあると便利。地域の学校関係者が集まり、切磋琢磨しながら動画を制作・改善していき、より生徒にわかりやすい動画授業をつくる。

廃校の施設は耐震性やバリアフリー化など課題が多いが、税金に頼らず平常時の収益で改修・増築ができるのがベスト。自治体に「危機管理室」ができたら、その部署がこの施設の運営を主導したら臨機応変に対応できる。

冒頭の情報は公立学校だけだが、私立校や大学施設まで入れたら廃校施設は今後まだまだ増えそう。廃校は資源だ。

ビジネス・アイデア
－儲ける脳トレ－

廃校施設の「平常時」の利用方法を考えてみましょう。条件として「緊急時」は医療施設になるので、大掛かりな設備が必要なサービスはNG。幅広い層に利用してもらうならカフェは欲しいですね。自治体の各種窓口があると便利、混雑緩和にも役立つ。娯楽系で言えば、ミニシアター。文化として残していきたいです。

おすすめ上手パッケージ

娘はお店の〝代理人〟？

セールスポイント

高齢者の買い物を便利にする方法を考えたら、「娘↓母ルート」はあり。

関連業種

化粧品メーカー、ドラックストア、広告会社、小売店

妻「お母さんが夜、トイレに行く時、部屋が暗くて恐いって言ってた」
私「去年足を怪我したし、何かにつまづいたら、心配だね」
妻「うちの実家は古い家だから、段差も多いし……」
私「そうだ、いいLEDライトがあるよ。枕元に置いてライトを持ち上げるだけで点灯する優れもの。お義母さんに贈ろうか？」
私は早速スマホでその商品を検索して妻に見せる。
妻「いいわね！　うちで購入して直接届けてもらおうか」

娘と母はいくつになっても仲がいい。私の妻とお義母さん（実母）も気に入ったお店や商品について、いつも仲良く話している。ネットで情報収集が当たり前の時代だから、今は娘の方が情報通で母としても何かと聞きたいのかも（母世代はワイドショーネタは詳しい）。

そこで、こんな商品パッケージを考えてみた。娘はお店の〝代理人〟かも？

ちなみに小島家は「妻↓義母（実母）ルート」が定番。息子は頼りにならず。

トリヤツ

「おすすめ上手パッケージ」の実例

◆アイデア　その一◆

『ニコニコパッケージ』

同じ商品を二個パッケージにして販売する。パッケージには、個々の商品にこう表示します。

《自分用》《母用》　※価格は二個別々に購入するより割安価格

自分用を買いに来たお客には、「あっ、そうね、この商品はとてもいいから母にも勧めてみようかしら」という気づきがあり、「いつも使うから買い置きにいいわね」と自分用に二個買いをするかも。どちらにしても、一個買いが二個買いになるので販売個数は上がる。

◆アイデア　その二◆

『お試しプラス』

商品パッケージに同じ商品の試供品を添付して、《お母様用にどうぞ差し上げてください》と表示。

母に勧めるのに「気を遣わせては悪い」と考える可能性がある。そのため試供品なら、「私が今使っている洗顔料だけど試供品が付いていたから、お母さん使ってみる？」と勧めやすくなる。

ひょっとしたら試供品は旅行用にするかもしれないが、一緒に旅行に行ったお友達に勧める可能性も。お試ししてくれる機会が増えることはいいこと。

◆アイデア　その三◆『こっそりプラス』

例えば、中年女性が買う商品群にシニア向けの軽失禁用吸水パッドを添付して、新商品を娘から勧めてもらう方法。

パッケージには、「お試しプラス」同様に「お母様にお勧めください」と表示。ここに添付する商品は定期的に変えて、常に新しい商品をシニア向けに提案する（四〇～五〇代でしたら、自分用にこっそり試したい商品もあるかもしれない）。

高齢者の買い物を便利にする側面を考えても、「娘→母ルート」はあり。母としても娘の世代と同じ商品を使うことに抵抗感はないはず。生活の不便が便利に、不快が快適になる商品があるのなら、高齢者にもぜひ知ってもらうべき。

不要不急で外出を控える時は、特に娘からの情報は貴重。また、親子の会話のキッカケになれば、商売抜きでとても意義のある販売方法でもある。

ビジネス・アイデア
―儲ける脳トレ―

本当は買ってもらいたい顧客でも、来店できなかったり、買いたくても重かったり大きかったりで持ち帰れないこともあります。あるいは広い店内で探せないことだってあります。もちろん買いたくても、恥ずかしいと思う顧客もいるかもしれません。そのため、自社の商品をあえて誰か代理で買っていただき、届けてもらう販売方法を考えてみてはどうでしょう。視点が変わってパッケージデザインのバリエーションも増えます。

ピンチをチャンスに！

調味料は小袋の時代？

衛生的でムダなく、ヘルシーの三拍子

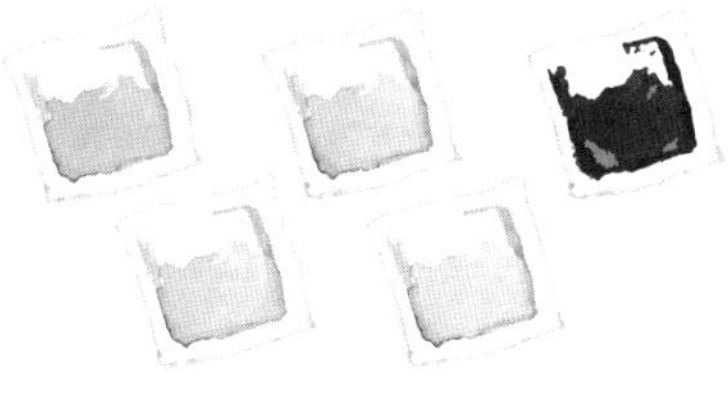

セールスポイント

多くの人が容器に触る行為がなくなり衛生的。店員が頻繁に拭き取り（除菌）をしなくて済み省力化。バリエーションや味覚も楽しめる。

関連業種

飲食店、パッケージ企業、ソース製造企業

妻「大阪の串カツ屋さんで『ソース二度漬け』ができなくなったんだって！」
私「えっ、じゃ、どうやってソースをつけるの？」
妻「ボトルタイプの容器で串カツにかけるんだって」
私「へぇ～、名物だっただけにちょっと寂しいね」
と話題にしているが、夫婦ともにそのお店に行ったことはない。
私「ひょっとしたら、フードコートのうどん屋さんで、ネギと天かすを好きなだけトッピングできるサービスも無くなってしまうのか!?」
妻「セルフサービス自体が難しくなるのかもねえ……」

公衆衛生への意識が高い日本ですが、今後さらに意識が高まり、今まで常識だったことが変わる可能性がある。
そこで、飲食店のテーブルに置かれているソースについて一考。飲食店のテーブルに並ぶソースや醤油などの調味料は、これからはお弁当に付いてくる「透明小袋」に変わるのではないか。もし、飲食店の調味料が「透明小袋」がスタンダードになったら……と考えてみた。

トリセツ

「透明小袋の調味料」のメリット・楽しみ方

1 多くの人が容器に触る行為がなくなり衛生的
2 店員が頻繁に拭き取り（除菌）をしなくて済み省力化
3 メニューにより「ソース二袋が適量」と味わい方が提案でき、ソースの節約にも
4 さまざまな味の小袋ソースが用意でき、バリエーションが楽しめる
5 密閉のため酸化による味の劣化がなくなり、保存にも適している

といろいろ考えられる。

そのため、今後、透明小袋に入れる機械が小型化され、価格も安くなったら一店舗に一台普及する可能性もある。もし、一店舗に一台普及したら、お店のオリジナルソースの「透明小袋」が開発できる。

トリセツ

「オリジナル透明小袋」の楽しみ方

1 飲食店の多くがオリジナルの調味料を使っているので、独自の「透明小袋」調味料が生まれ、小売もできそう。昼食にお弁当を持参する人が多いので、「とんかつは冷凍食品でもソースだけはプレミアム！」と楽しみ方も増える

2 ライバル店同士で「ソーストレード」はどうでしょう？　テーブルに「当店のソース」と「○○店のソース」を並べて置き、味比べをする。あるいは、お客の要望で通常ではあり得ない調味料を置いて、味覚を楽しんでもらう。「透明小袋」だからできる楽しみ方

3 店内に「本日のガチャソース」を置く。ガチャガチャの個々の透明ケースに様々なソースを入れておき、出てきたソースで「きょうのとんかつは食べる」という〝酷な〟サービス。挑戦者にはソースと一緒に「アンケート用紙」が入っており、そのアンケートに答えると裏面の「五〇円値引き」サービスが受けられる。アンケートはメニュー開発に活用

ビジネス・アイデア
―儲ける脳トレ―

「森林破壊」と「ゴミ削減」で使い捨ての割り箸が敬遠されていましたが、今回のコロナ禍で衛生面から見直されています。諸外国に比べ公衆衛生への意識が高い日本人ですが、ますます清潔感を求めて今後はより変わっていきそうです。そこで、あなたが日常生活で「ここはちょっと不衛生だなぁ」と感じることを挙げ、どうしたら衛生的になるかを考えてみましょう。個人的には缶ジュースの口をつける箇所が無防備過ぎて気になります。カバー付きの缶ジュースができてもおかしくはない!?

「治りました」葉書

感謝の気持ち窓口

セールスポイント

新型コロナウイルスの時だけでなく、いつでも医師や看護師など医療従事者が元気になってもらえたら、本当に嬉しい。

関連業種

医療機関、郵便局

長男が幼い頃、「とびひ」がなかなか治らなかった。いくつも病院をまわったがよくならない。人伝《ひとづて》に評判のいい病院へ行き、診察してもらう。

医師「では、お薬出しておきますので、様子を見てください」

するとみるみるよくなり、薬がなくなる頃にはすっかり完治。よかった、よかった、本当によかった。とてもありがたい気持ち。これで病院に通わなくてもよくなった。

妻「本当に治ってよかった。たかがとびひだけど、本人は痒いしイライラするし、つらいもんね」

私「ありがたいね。あのお医者さんに『おかげさまで治りました』と感謝の気持ちを伝えたいくらい」

そこで、ひょっとしたら、こんな仕組みが病院にあったら、医師や看護師はもちろん、医学界にとってもいいのでは？　感謝の気持ちは心の栄養剤。

トリセツ

「『治りました』葉書」で、病院に感謝を届ける

診察後、待合室で待っていると名前が呼ばれた。受付で、処方箋のほかに葉書が一枚入っていた。

〈葉書の宛名面〉

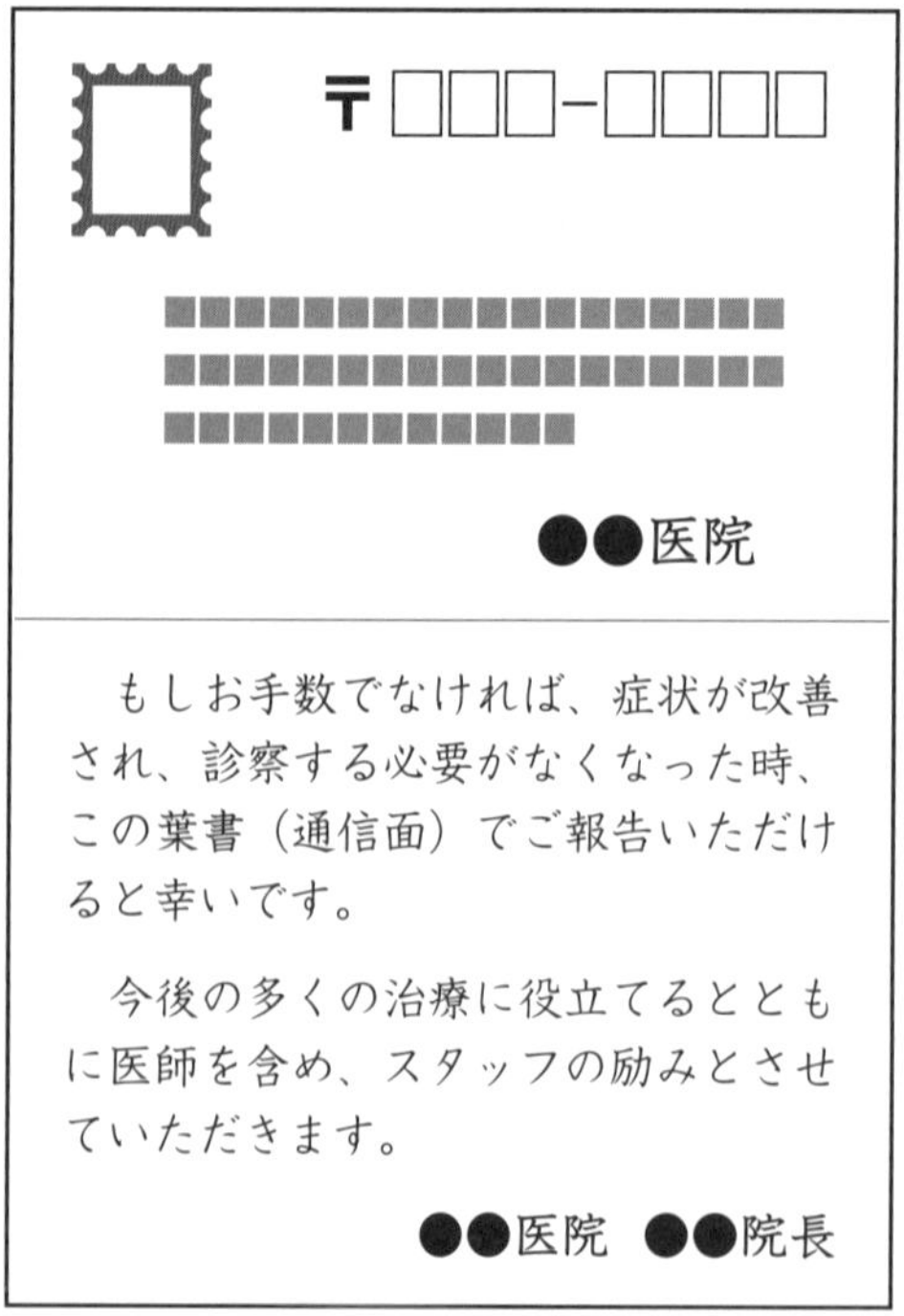
〒□□□-□□□□
●●医院
もしお手数でなければ、症状が改善され、診察する必要がなくなった時、この葉書（通信面）でご報告いただけると幸いです。
今後の多くの治療に役立てるとともに医師を含め、スタッフの励みとさせていただきます。
●●医院　●●院長

診察してもらい、治れば病院には行きません。わざわざ「治ったよ」と報告する人もいない。むしろ、治った報告をしに行く人がいたら、より混雑を招き、他の病気に感染する恐れだってある。

この葉書の狙い・目的は、

（1）施した治療が正しかったのか検証

（2）患者の喜びの声（感謝の気持ち）を伝える

なかなか治らなかった病気が、ある医師との出会いで治ることはある。そんな時、とても感謝したくなる。文章で気持ちを伝えたり、子供だったら絵を描いたり。

病院では毎日何十人、何百人と診察しているので、届くハガキをチェックする時間はないが、こんな仕組みがあるだけで感謝の気持ちを伝える人が増えるかもしれない。

新型コロナウイルスの時だけでなく、いつでも医師や看護師など医療従事者が元気になってもらえたら、私たち患者は本当に嬉しい。

※メールなど双方向のコミュニケーションツールはＮＧ。お礼のメール以外にも使われる可能性があり、医療従事者の負担が増す恐れがあるため。また、葉書の郵送料は医療機関の負担にならないようにしてほしい。

ビジネス・アイデア
－儲ける脳トレ－

感謝の気持ちを伝えたいと思う瞬間は、日常に溢れている。親切だったタクシードライバーさん、電車の中でお年寄りに席を譲った学生さん、さりげなく道端の空き缶を拾った女性。世の中、クレームや批判ばかりが注目されていますが、「感謝の気持ち」を受け取るサービスがあっていいと考えます。企業、自治体を問わず、「感謝の窓口」をつくるなら、どんな仕組みがいいでしょうか？

第3章

いいとこ取りで収益源を増やせ！

ウィズコロナ時代の「兼業ビジネス・アイデア」

ウォッシャーマン

「ふっかふかで、清潔な布団で寝たい！」そんな願いが誰でも叶うサービス

セールスポイント

三キロの掛け布団、四キロの敷布団を担いで干すのは男性でも重労働。まして高齢者は、家の中とはいえ危険すら伴う。

関連業種

コインランドリー、Uber Eats、配送業者、新聞配達業者、ギグワーカー

最近、自宅のすぐ近くにコインランドリーができた。今まで利用したことがなかった妻がコインランドリーの便利さに気づき、最近、ヘビーユーザーになりつつある。

私「きょうは、何を洗いに行くの？」

妻が大きな洗濯ネットを用意している。

妻「コタツ布団よ、ほんと便利よね～」

敷き布団や毛布、厚手のカーテンなど、今までなかなか洗濯できなかった物が気軽に洗えるから、妻はすこぶる機嫌がいい。クリーニング店に出すよりお得だから、なお上機嫌だ。

妻「でもね、私は車があるし、布団を運べる力があるけど、お年寄りは難しいよね。実家の両親はもう八〇代だから布団を持ったら腰痛めそう。まして、階段なんて上がり下がりは危険だわ」

私「そうだよなぁ、お年寄りはクリーニング店に集配してもらうんだろうか？」

妻「コインランドリーがこれだけ普及しているんだから、Uber Eatsみたいに運んでくれる人がいたら、便利じゃない？」

私「なるほど！」

ということで思いついたアイデアはこちら。

トリセツ

「ウォッシャーマン」で広がるラストワンマイル

1 業務：依頼人宅まで取りに行き、洗濯ネットに入れてコインランドリーで洗濯・乾燥をして、再び依頼人宅まで配達する

2 料金：〈コインランドリーの料金（実費）〉＋〈距離&所用時間に応じた配送料〉

この仕事の特徴は、料理を運ぶUber Eatsのように時間にシビアではなく、配送する時間に余裕があること。そのため、まとめて依頼を受けた後、依頼主の家を巡回して洗濯物を取りに伺い、コインランドリーでまとめて洗濯をして、返す時も巡回しながら返すことができる。

週末のコインランドリーは利用者が多いが平日の日中なら空いているため、待ち時間なく効率よくでき、他のサービス（Uber Eatsなど）との兼務も可能。

コインランドリーのオーナーも競争激化で固定費割れするくらいなら、ウォッシャーマンにマージンを支払ってでも稼働率を上げる戦略も考えられる。

コロナ禍の緊急事態宣言以降、急速に普及しはじめた外食産業の配達サービス。サービスを組み合わせることで配達業者はより安定した収益を得ることができ、地域のラストワンマイルの担い手になり得る。特に困っているお年寄りに喜ばれるのはやりがいにもなる。

ビジネス・アイデア
―儲ける脳トレ―

家庭の中にはたくさんの困り事があります。移動手段が限られたり、体力的に困難で自力で解決できない人もいます。そこで、飲食店の出前を手伝いながら、布団をコインランドリーへ運び、さらにもう一つ家庭内の困り事を解決できるサービスはないか考えてみましょう。個人的には、野球をやっている息子の泥だらけのユニホームを洗濯するのが大変だ。可能なら帰宅後、夕方預けて翌朝戻ってくると最高。きっとスポーツをしている子供を持つ親なら同じ願望を持っているのでは。

ショーウィンドウは「ライブコマース劇場」

発信力を強化せよ！

セールスポイント

路面店はショーウィンドウをオープンスタジオにして「ライブコマース」を実演する。

関連業種

アパレルショップ、居酒屋、ホームセンター、ペットショップ、ドラックストア、YouTuber、ライブコマース妻「いつも行くスーパーは、店内で実演販売をよくしていたけど、最近見かけないんだよね」
私「新型コロナウイルスの感染症対策で、実演販売は自粛になったと報道があったよ」
妻「そうなんだ。私は結構好きだったんだけどな〜」
私「実演販売の人は、人を惹きつけるのが上手だよね。夜中のテレビショッピングもついつい見入ってしまうわ」

さて、新聞にこんな記事が載っていました。

「新型コロナウイルスの影響で自宅で過ごす時間が増えるなか、動画を視聴しながら買い物をする『ライブコマース』が盛り上がりをみせている」（日経MJ二〇二〇・四・二〇）

一見、テレビショッピングのようだが、大きな違いはリアルタイムで質問に答えてくれる点だそうだ。視聴者からの質問が画面に映り、その場で答えることができる。記事中では「ライブコマースの利用者が増えた際、実店舗に求められるものとは何か。五感で楽しむサービスやその場でしか手に入らないものではないか。顔を合わせて言葉を交わしたいと思われる信頼感や安心感などもカギとなる」とも。このコロナ禍で景気回復はしばらく厳しいとの見方が大半だ。

そのため、「打てる手は全部打つ！」覚悟でこんなご提案をする。

トリセツ

「ライブコマース劇場」の設置例

1 路面店はショーウィンドウをオープンスタジオにしてライブコマースを実演する。実演していない時でもスタジオセットは通行人の興味を引き、マネキンが置いてあるより注目度は高い。実演中は通行人もつい足を止めて見てしまい、商品情報が嫌でも耳に入ってくる。ウィンドウ越しにモニターを設置すれば、より発信力は高まる

2 居酒屋の厨房をバックにガラス越しのスタジオ。報道局がガラス越しに見えるニュース番組のように、スタジオのバックは調理人が忙しく料理をして、お取り寄せ通販を行う

3 園芸コーナーをバックに屋外スタジオはホームセンター。色彩豊かな花を中心に花木も置き、ガーデニングスタジオを演出する。野菜のつくり方や花木の育て方を教える

4 子猫や子犬が戯れるペットショップのスタジオ。ここは文句なく人気のスタジオになる

5 常設スタジオと突撃インタビューで構成するドラックストア・スタジオ。駅弁風にマイクを持って来店客に取材する演出は盛り上がりそう。情報番組のような構成はいかが

これらの「ライブコマース劇場」はレンタルスタジオとしても貸し出し、機材の少ないYouTuberには喜ばれそう。

「本日は、名古屋市中区の紳士服店コジマさんのスタジオからお送りします」と紹介してくれたら店舗のPRにもなる。また、コーナー途中で「CM」を挟んで店舗紹介してくれたらレンタル料金割引はいかが。

ビジネス・アイデア
―儲ける脳トレ―

スタジオのような「箱物」はつくるのは簡単だが、人気が出ると競合が増えて価格競争に陥り、廃れていくケースが多いです。そのため、ライブコマースが一次使用目的なら二次使用目的を予め考えておくと利用価値が高まります。そこで、「ライブコマース劇場」を使い、二次利用目的を考えてみましょう。例えば、スタジオ同士をZOOMで結び、中継放送をするとか、全国の「ライブコマース劇場」をつなぎ、公開アイドルオーディションをするとか。

代車でGO！

ツーキニストの心強い味方

セールスポイント

同僚「通勤途中にあるガソリンスタンドは、パンクした時の『代車サービス』があるんだよ」。

関連業種

ガソリンスタンド、自転車屋

ある朝の出勤前のこと。
私「俺も自転車通勤しようかな？」
妻「やめとき」
私「なぜ、頭ごなしに！」
妻「どうせ高そうな自転車を買おうとしているでしょ？『健康にもいいからさぁ』って、さもまっとうな理由を並べて」
私「……」

新型コロナウイルスの感染が拡大している時、「通勤用自転車の販売数が伸びた」という報道があった。通勤ラッシュの混雑ぶりは、朝の情報番組でも頻繁に報道されていた。通勤距離にもよるが、電車やバスを乗り継いで行くより、自転車で直に勤務先に行った方が速い場合もあるから、自転車は便利。
とはいっても、自転車は気軽に乗れて便利だが、パンクというトラブルがつきもの。そこで、こんなサービスがあったらとても心強い。

トリセツ

「代車でGO!」の想定シーン

ツーキニストの同僚が、今朝は違う自転車に乗ってきた。いつものスポーツタイプではなく、いわゆる「ママチャリ」だ。

私「あれ、自転車変えたの?」

同僚「違うよ、今朝パンクしたのよ……」

私「それは大変だったなぁ……。でも、よく朝早くに自転車屋が開いていたな〜」

同僚「これはガソリンスタンドで借りたんだ」

私「ガソリンスタンド!?」

同僚「通勤途中にあるガソリンスタンドは、パンクした時の自転車の『代車サービス』があるんだよ。この自転車もその代車。会社が終わって帰りにそのガソリンスタンドに寄ると、俺の自転車のパンクは修理されているのさ。自転車で通勤する場合の一番の危機管理は、パンク時の対応だからな。こういうサービスがあると、とても安心してツーキニストができるよ」

ガソリンスタンドに預けた自転車は、近くの自転車屋さんが来て直してくれる。パンク修理は素人でもできるが、忙しい通勤途中にはできないし、一刻も早く出勤しないといけない。また、今は自転車屋さんの絶対数が少なく、早朝や夜中は閉まっている。そのため、私たちの生活インフラとして根付いているガソリンスタンドがとても便利。

ガソリンスタンドの自転車は、スタンドで車のオイル交換やメンテナンスを依頼して待っているお客も使える。時間があれば近くのお店に買い物に行くためにも使ってもよい。スタンドの前にのぼりを立てていつも告知しておけば、万が一の時、すぐに思い出せる。

ビジネス・アイデア
—儲ける脳トレ—

学生時代からロードレーサーでブイブイ言わせていた私にとって、自転車が見直されるのはとても嬉しいです。しかし、自動車業界の周辺サービスの充実度からして自転車のサービス環境は貧弱です。逆に言うとチャンスでもあります。そこで、ツーキニストに限定して「こんなサービスがあったら嬉しい」というサービスアイデアを考えてみましょう。ツーキニストが増えれば安定した自転車市場が創れます。

ランニング・パーク

低コストで来園頻度を高める〝アトラクション〟

セールスポイント
平日は走りに来てポイントを貯めて、休日は孫と一緒に来てアトラクションで遊ぶ。

関連業種
テーマパーク、ランニング関連企業、スポーツ用品メーカー

二年前の正月のこと。暴飲暴食の果て、体重が八〇キロを軽く超えていた。しかし、ダイエットは続かない。そこで、〝企画マン〟らしく名案を思いつく。

私「今年はマラソンに出る！」

妻「あっ、そう」

信じていない妻。そこで意地になった私は再び宣言する。

私「マラソンといってもウルトラマラソン。一〇〇キロ走りきる」

妻「……。死なない程度にがんばって……」

それから三ヶ月で一五キロ減量して、少しずつ走り始め、十月にウルトラマラソンに出場し、制限時間ギリギリの十三時間半で完走する。十一月にはフルマラソンに出場し四時間で完走。

走り始めて改めて気づいたことは、ランニング人口の多さにびっくり。しかも中高年が非常に多く、四〇代の私はまだまだ若輩者といった感じ。

そこで、景気が悪くなると出足が鈍くなるテーマパークに、こんなアトラクションを創ってはどうだろうか？　平日はオールドランナーに使ってもらい、休日は孫と一緒に遊ぶスタイルが生まれるかも。

トリセツ

「ランニング・パーク」は、高齢者のエンタメ

1 テーマパーク内をぐるっと一周できるコース（通路）
2 そのコースには青色のペンキを塗り、一定間隔で「給水所」を設ける
3 利用は平日のみ（※休日は来園者が多く衝突の危険があるため使用不可）
4 想定される主な利用者は高齢者
5 青色の隣に赤色のコースも引く。赤線はウォーキングコース。そう、歩けるコース

広いテーマパーク内を、ゆっくり景色やアトラクションを眺めながら走れる。テーマパークは景色のいい場所にあることが多く、とても爽快。給水所には休憩所も併設し、疲れたら休める。万が一、体調が悪くなった場合は、すぐに通報できるよう一定間隔で「緊急呼び出しボタン」を設置。

さらに市民マラソン大会で使われている計測システムを完備して、走った距離から時間、ラップタイムなども計れ、走り終わるとレポートとしてもらえる。まさに「ランニングのテー

マパーク」。

仕掛けはまだある。主な利用者に高齢者を想定しており、走った距離に応じてポイントが貯まり、貯まったポイントで入園券や乗り物券を進呈。そう、平日は走りに来てポイントを貯めて、休日は孫と一緒に来てアトラクションで遊ぶ。

今後、日本は景気が悪くなり、高額なエンタメは敬遠されると予想。そのため、幅広い層に来園していただく仕掛けが必要。

ビジネス・アイデア
－儲ける脳トレ－

テーマパークとは言え、遠方の客を呼ぶことばかり考えず、地元の人が頻繁に利用できる方法を考えてはどうでしょう。どの商売にも言えることですが、地元の人、近所の人に愛されるサービスは不況になっても強い。そこで、「遠くの恋人より地元の友達と仲良く」をコンセプトに、テーマパークに新しいアトラクション（サービス）を創ってみましょう。

トスバッティング・センター

ゴルフ練習場の生き残り策

セールスポイント

野球の硬式ボールのバッティング練習はなかなかできるグラウンドがなく、もしゴルフ練習場で思いっきり練習できるなら、喜んで借りたい。

関連業種

ゴルフ練習場、野球、野球用品メーカー

早朝のランニングを終えて帰宅する。
妻「おじいちゃんになっても走るの？」
妻が私に聞いた。マラソンは私の趣味だ。特に一〇〇キロ走るウルトラマラソンが主戦場。
私「走るよ。還暦で『サブ一〇（一〇時間以内）』が目標だから。スーパージジイを目指す」
妻「お好きにどうぞ」

今、ゴルフ人口が減っている。二〇一五年七七〇万人から二〇一六年は二二〇万人減って五五〇万人（レジャー白書二〇一九）、現在は六五〇万人。乱高下しているが減少傾向であることは間違いない。大きな要因はゴルフプレーヤーの高齢化。体感的にもわかる。四〇代の私の周りでもゴルフ経験はあるが続けている人はごくわずか。歳をとってもできるスポーツというメリットが逆に仇となっている可能性も。

さて、通勤途中にゴルフ練習場（打ちっ放し）がある。田舎でもひときわ目立つ施設で巨大だ。二〇一九年の台風ではネットが倒れる事故があったが、管理・維持費も相当かかる。ゴルフ人口が減る現状から先行きが不安。そこで、一案考えてみた。

野球の「トスバッティング・センター」はどうだろう？

※「トスバッティング」とは、一人が斜め前から打ち手に向かって野球ボールを下投げで緩く投げ（トス）、打ち手が打つ練習。

トリセツ

ゴルフ練習場を「トスバッティング・センター」へ

1 曜日・時間帯を限定して「トスバッティング・センター」に利用変更（例：土曜日早朝七時から九時）
2 貸し出す際は野球チーム単位
3 施設はそのまま利用でき、ボールはチームが持参
4 打ち終わったらチーム全員でボールを拾い集め、再び打つというルーティン
5 施設側はまったく手間がかからない

野球人口も減っているが、それでもまだまだ他のスポーツより若年層の人口は多く、活動も活発だ。高校野球から中学野球、小学生の少年野球など、チームもたくさんある。軟式と硬式

でも各世代にチームが別々にある。実は我が家の息子二人もかつて野球少年で、次男は高校でも野球を続けている。硬式ボールのバッティング練習はなかなかできるグラウンドがなく、もしゴルフ練習場で思いっきりバッティング練習ができるなら、喜んで借りたい。

どのチームも横のつながりがあり、声をかければすぐに複数チームが集まる。トスバッティングだけでなく、ティーバッティングもできそう。

新型コロナウイルス以降、ゴルフ人口が増える要因は見当たらない。おそらく余暇で楽しむゴルフは減少に拍車がかかりそう。しかし、ゴルフ練習場がなくなってはゴルファーはつらい。そのため施設維持のためにも時間を割いて野球少年に貸してはいかが。

ビジネス・アイデア
－儲ける脳トレ－

ネットに囲まれたゴルフ練習場は、野球のトスバッティング以外にもまだまだ活用方法はありそうです。例えば、サッカーのペナルティーキックの練習。ゴールは棒と紐で仮想ゴールをつくって、いろいろな角度から蹴る練習ができる。もし、あなたなら、どのスポーツのどのような練習が思いつきますか？

MYルーム・デリ

晩酌の肴で選ばれるホテル

セールスポイント

居酒屋の新鮮な刺身や魚介類は最高だ！　コンビニやスーパーでは味わえない醍醐味。

関連業種

ビジネスホテル、居酒屋、飲食店、デリバリー私がキャリーバッグに出張のための着替えを詰め込んでいる。
妻「出張？」
私「そう、明日から二泊三日ね」
妻「楽しそうね……」
私「ビジネスホテルは居心地がいいのよ、学生時代の一人暮らしを思い出して」
妻「そうね、家には〝居場所〟ないもんね」
私「……」

私はビジネスホテルが大好きだ。手を伸ばせば全てが届くような、こじんまりした部屋で一人飲みながら過ごす時間は、まさに至福の時（だいたいそのまま寝落ちする〝自堕落な一晩になる〟）。

そのため、チェックイン前にコンビニでアルコールとおつまみを買い込むのだが、もし、こんなサービスがあったら、ビジネスホテルの巣籠もり派にはとっても嬉しいサービス。

トリセツ

「MYルーム・デリ」で部屋が居酒屋に

1 ビジネスホテルをネット予約する
2 予約完了画面に《「ちょい飲み晩酌おつまみ」をご用意できます　居酒屋》の表示
3 おつまみのメニューに一目惚れ。思わず三品注文
4 確認のメールが届く《チェックイン予定時刻までにお部屋の冷蔵庫に入れておきます》
5 当日の夕方、居酒屋↓ビジネスホテル↓スタッフが部屋の冷蔵庫に入れる
6 宿泊者がチェックインするとスタッフが注文書を見せ、「お部屋の冷蔵庫に届いております」と伝えてくれる
7 部屋に入り、シャワーを浴びた後、冷えたビールと最高のおつまみに舌鼓！

居酒屋の新鮮な刺身や魚介類は最高だ！　コンビニやスーパーでは味わえない醍醐味。

これは、ビジネスホテル近隣の居酒屋などの飲食店が料理をつくって届けてくれるサービス。

・注文は前日まで
・配達も夕方5時以降
これなら通常の配達サービスより時間的余裕ができ、飲食店も対応しやすい。客席がフルに使えないコロナ禍では、弁当、配達に次ぐ第三のサービス。

ホテル業界も離れた客を呼び戻すために自前主義をやめ、宿泊者にとって魅力的なサービスをどんどん協力し合い提供してはどうだろう。

ビジネス・アイデア
―儲ける脳トレ―

セミナーが立て込んでビジネスホテルを泊まり歩いていた時、一度もベッドで寝なかったことがありました。しかも「快眠」が自慢のホテルだったのに。その時、「原稿や企画書に追われた時は、ベッド無しデスク大きめの部屋があったら泊まりたい」と考えました。そこで、まだまだユニークなことができそうなビジネスホテルで、今までにないサービスを考えてみましょう。ちなみに部屋に「宅配便セット（箱＋伝票）」を備えて、フロントに預ければ送れるサービスがあれば使いたくなりませんか？

一〇円でできる「超集客」おしぼり編

ちょい寄りサービスで夏場は鷲掴み？

セールスポイント

猛暑の日、外回りのビジネスマンが、コンビニに入り、冷えたおしぼりでクールダウン。最高！

関連業種

コンビニ、ドラッグストア、おしぼり業者、広告業私は極度の「汗っかき」。汗っかきで得したこと、それは少しの労働ですごく仕事をした感が出せること。これ以外は、何もないが……。

夏場はスーツの時でもハンドタオルでないと用を足さない。ハンドタオルも湿り過ぎて、ポケットに入れると汗染みができるくらい……（あ〜、おじさんの汗なんて、爽やかでもなんでもないのに……汗）。

さて、そんな汗臭い話は置いておいて、夏場こそ、こんなサービスはいかがでしょう？

個人的にはかなり嬉しいサービス！　除菌・消臭効果もあり、最強！

お店の店頭に、かき氷張りのこんな旗を掲げます。

とっても単純なサービス。飲食店によくあるおしぼり用の冷蔵庫におしぼりを入れておき、一つ一〇円（仮）で利用できる。使い終わったら冷蔵庫の下に置いてあるカゴに入れる。持ち帰ってもＯＫ。

トリセツ

「『超集客』おしぼり編」の活用シーン

1 猛暑の日、外回りのビジネスマンがクライアント先のビルへ入る前に、コンビニに立ち寄り、冷えたおしぼりで汗を拭く。気持ちが落ち着く

2 トラックで配送中にコンビニに入り、冷えたおしぼりを目と首に当てて、疲れを取る

3 軽食を買いに入ったコンビニで、おしぼりを一つ買い、食事の前と食事中に使う（紙のおしぼりは小さくて不便）

気軽に使える「おしぼり」があると、とても便利じゃない？　私なら行く先行く先のコンビニで利用する。このサービスの利益は薄いのでセルフで提供する。

おしぼりの冷蔵庫の隣に「料金箱」を設置し、一〇円玉を入れると、チャリンと音がする。この音がお金を入れた証拠に。また、冷蔵庫の扉を開けると五秒程度のCM音が流れる仕組みにすると、無断利用の抑止と広告費が稼げる。

音だけでなく、冷蔵庫の扉やおしぼりが入ったビニール袋にも広告を載せて運営コストを賄

い、できれば一〇円程度で提供してくれるととてもありがたい。

夏場は特に食中毒など、細菌への注意が必要なので、「汗拭き」「癒し」だけでなく、「除菌」での利用も期待できる。

ビジネス・アイデア
―儲ける脳トレ―

例えば、自店の前を素通りしていく人を想像する。その素通りしていく人をまず自店の方に振り向いてもらうには、どうしたらいいでしょう？　さらに、お店に入ってもらうにはどうしたらいいでしょう？　漠然と人を呼ぶ（集客）ことを考えていてもアイデアは生まれません。発想は連想の繰り返しです。まず目の前の人（素通りしていく人）を振り向かせるアイデアを考えてみましょう。「酷暑の昼下がり、汗をかきながら営業先に行こうとしている中年ビジネスマンに立ち寄ってもらうには？」もうこれだけでアイデアがいくつか生まれませんか？　その生まれたアイデアを少しずつ対象を広げるようにアイデアを加えていくと厚みのある企画になっていく。まずは目の前を素通りしていく人の足を止める発想をしてはどうでしょう。

ボトル・フラワー

ペットボトルの中で咲く花たち

セールスポイント

見た目が可愛く、持ち帰りやすく、そのまま飾れて清潔。水やりだって簡単でスマートにできる。

関連業種

花屋、生産農家、スーパー、ペットボトル容器、コンビニ、ホームセンター私「この花は……、う〜ん」
妻「ガーベラよ」
私「そうそう、ガーベラ、ガーベラ。ガーベラと言えば、あの時を思い出すよね」
妻「そうね、あの頃はみんなじっと耐えていたもんね」

新型コロナウイルスの感染拡大が続いた四月から、我が家の食卓テーブルには花が飾ってある。外食することも、人に会うことも控え、ひたすら自宅で過ごしていたあの頃から、妻が食卓の花を欠かさなくなった。理由は食卓に飾られた花が私たち家族みんなの心を癒し、笑顔にさせてくれたからだ。ちなみに花との出会いは、友人が花の生産者を応援するために我が家にプレゼントしてくれたことがきっかけだ。

妻「でも、たくさん買い物をした時は両手がいっぱいだから、生花を買うことを躊躇しちゃうんだよね……」
私「自転車で買い物に行ったら、なおさら花が折れてしまわないか心配だね」
妻がダイニングテーブルの上の置いてある〝あるもの〟を指差しながら、

妻「この中に花が入っていたら、きっと買いやすくなるよね」

そうだよ、それだよ！　生花の手入れは少々手間がかかり、なおかつ持ち帰る時に慎重になるため、気軽に買えるモノではない。

そこで考えたのがペットボトル型容器に入れた花「ボトル・フラワー」。見た目が可愛く、持ち帰りやすく、なおかつそのまま飾れる。花を愛する人にとっては邪道かもしれないが、花を飾る習慣を定着させるには手軽さは重要だ。

トリセツ

「ボトル・フラワー」の特徴

1 五〇〇mℓのペットボトル型容器の中に数本の花が入れてある
2 花は容器底のスポンジに挿してあり、水分もそこから吸収する
3 お客はペットボトルの飲料水を買うように買い物袋に入れて持ち帰ることができ、飾る時にキャップ（空気穴）を取るだけ
4 花に水をやる時は、容器を斜めにしてキャップの穴から少量注ぎ込めば、花にかからず水をスポンジに吸収できる

5 容器は底から三分の一のところで分離することができ、花を取り出して水切りして再びスポンジに挿すとより花が長持ちする

6 販売はスーパーのレジ横かワゴン販売で、買い物ついでに気軽に購入できる

家庭の食卓だけでなく、オフィスのデスクに飾ることもでき、三五〇mℓサイズのボトルフラワーがコンビニでも販売されるとより認知度も高まる。

コロナ禍だからこそ、花を飾る日常を過ごしてみてはいかがだろうか。生産農家にとってもイベント以外での需要が高まれば、コロナ禍以降も大きな需要の落ち込みはなくなる。

ビジネス・アイデア
－儲ける脳トレ－

買いやすさ（持ち帰りやすさ）は商品の品質と同じレベルで重要です。特にリピーターになってもらうには、大切な要素。そこで、気軽に買いやすい容器として「ペットボトル容器」に限定して、今までペットボトル容器に入れて販売したことがない商品を新しく考えてみましょう。ペットボトル容器入りのお米は実際に販売されていますが、少食の高齢者が買うには軽量で持ち帰りやすく、いろいろな銘柄米を数種類買って食べ比べもでき、食生活が楽しくなります。

ノーアドレス通販

「待ち遠しい」もサービスの一つ

セールスポイント

月曜日の「今週のお取り寄せ発表」をワクワクしながら待ち、欲しい商品なら即注文、「週末のお楽しみ」に取って置く。

関連業種

コンビニ、ショッピングセンター、お取り寄せ通販私「ぐいぐい売り込んでくる店員は苦手でしょ？」
妻「苦手……。上とか下とか関係なく、初対面で馴れ馴れしい話し方の店も苦手」
私「でも、もし親しくなって特別なサービスが受けられるとしたら？」
妻「それでも、嫌」
私「通販で個人情報を入れるのも嫌がるもんね」
だから、通販で買う時は、いつも私名義で代行して買っている。
妻「だってお客のクレジットカード情報を盗み見て、ネットで電子マネーの購入に使った店員が捕まった事件もあるんだよ」
私「俺は会員カードで買い物するとレシートにポイント数が載るから、安易に捨てられないなぁ」

ビジネスの世界では、よく「囲い込み」という言葉を使う。しかし、これは売る側の論理。自分が買う側に立った時、囲い込みされて嬉しい？〝鳥かご〟の中にいるようでとても不快。大企業ですら情報漏洩をする時代、消費者の立場から個人情報を伝えることに抵抗感がある。
そこで、逆張りのビジネスを考案。シンプルかつノーリスク！

トリセツ

「ノーアドレス通販」で安心の買い物を

たとえば、コンビニの店内に「お取り寄せ」コーナーを設ける。

《購入・受け取り方法》

1 コーナーの棚には見本写真の下に【注文札】が小さいポケットに入っており、購入希望者は欲しい商品があればそのポケットから【注文札】を手に取る

2 購入希望者は【注文札】を持ってレジへ。店員が【注文札】のバーコードをリーダーで読み取り、会計する

3 購入希望者はその場で支払いを済ませると【引き換え券】がもらえる

4 後日、【引き換え券】を持ってコンビニへ行くと商品が受け取れる

この仕組みを、

《月曜日》今週の「お取り寄せ」商品の発表

《水曜日》注文締切

《金曜日》商品引き換え

というサイクルで展開する。かなりシンプル。住所や電話番号、クレジット番号などの個人情報を伝える必要もなく、支払いも店舗でその場で支払う。

この仕組みでいくと当然「個数限定」販売になり、それがまた購入意欲をそそる。月曜日の「今週のお取り寄せ発表」をワクワクしながら待ち、欲しい商品なら即注文、「週末のお楽しみ」に取って置く。

ネット通販の「いつでも、どこでも、すぐに手に入る」という流れに逆らうサービスだが、消費者の中には〝囲い込まれる煩わしさ〟に嫌悪感を抱いている人も少なくないはず。紐付けされない開放感すらあるかも。

ビジネス・アイデア
―儲ける脳トレ―

この仕組みを転用して（1）業態（2）商品を変えて違うビジネスを考えてみましょう。例えば、居酒屋で産直の野菜や魚介類を通販してみる。デリバリーやお弁当はすぐにできるが、通販事業は簡単にはできません。そんな時、顧客管理の必要がないこの仕組みは実行しやすい。

「お買い物セーフティネット」は地域のスーパー

配達人は帰宅途中の店員

セールスポイント

店員の勤務地、勤務時間が多彩なほど配達エリア・配達時間に幅ができ、サービスが充実する。

関連業種

スーパー、兼業・副業、ギグワーカー、ドラックストア、ホームセンター

私　「ねぇ、この折込チラシを見て」
妻　「あら、よく行く中華料理店が出前を始めたんだ」
私　「最近行ってないから、出前を頼んでみる？」
妻　「いいわね、今晩は中華ね」

　そして、午後七時ごろ、玄関の呼び鈴が鳴る。
店員「ご注文のメニューをお届けに参りました」
私　「ありがとうございます。あれ、いつもの店員さん？」
店員「はい、この時間は私の勤務が終わる時間なので、帰宅途中にお持ちしました」
妻　「それはちょうど良かったわ」
私　「そうか、帰宅時間に合わせて配達するサービスならスタッフの負担も少なく、外注も必要ないから配達サービスが導入できるかも！」

　と考えたサービスがこちら。新型コロナの感染拡大を防ぐために外出自粛が続く中、地域の食品スーパーの『お買い物セーフティネット』を考案した。

トリセツ

「お買い物セーフティネット」サービスの想定シーン

午後三時になると店員Aは、
店員A「では、きょうはこれで上がります」
店員B「お疲れ様、きょうも注文が入っている？」
店員A「はい、あります」
店員B「最近、増えたわねぇ」

店員Aのきょうの勤務時間は午前八時から午後四時。一時間前に店内業務を終えて店内の「カスタマーセンター」で注文票を受け取る。店員Aは注文票を見ながら店内を回り、商品を注文者別に集品、そして自分の車で帰路へ。

店員Aは帰宅途中に加藤さん宅へ立ち寄ります。加藤さんは注文をいただいたお客様、玄関前に商品を置くと携帯電話で加藤さんに連絡。
店員A「今、玄関前にご注文の品をお届けいたしました。お代もいただきました」

加　藤「いつもありがとうございます。次回もよろしくお願いします」

支払いは指定の袋に入れて玄関の取っ手にぶら下げる仕組み。注文は電話やネットでも可能、注文を届けた際に指定の注文用紙に記入して持ち帰ってもらう方法もある。店員さんの配達時間は勤務時間に含まれており、配達件数に応じた出来高制もあり。

トリセツ

「お買い物セーフティネット」サービスのメリット

1 店内の混雑緩和だけでなく、車がなかったり、外出が困難な高齢者でも買い物ができる
2 顔が見えるサービスで注文する側もお届けする側も安心して利用できる
3 基本的に店員の勤務後の配達のため時間指定はできないが、業者を使わないため運用コストが抑えられ、導入がしやすい。利用者負担も少ない

今後、仕事の掛け持ちが多くなり、短時間勤務のスタッフが増えると予想される。勤務地、勤務時間が多彩なほど配達エリア・配達時間に幅ができ、サービスが充実する。「待ちのサービス」が主体の小規模スーパーでも、この仕組みであれば「攻めのサービス」ができる。

ビジネス・アイデア
ー儲ける脳トレー

仕事終わりに届けるサービスだけでなく、仕事始めに届けるサービスも考えられます。例えば、ホームセンターの場合。店員が出勤前に工事現場へ立ち寄り、前日に注文のあった「軍手」などの小物や小さめの「建築資材」など、現場が動き出す前に届けられると重宝されます。そこで、出勤前・帰宅前のすき間時間を使って新規サービスを考えてみましょう。業種は問いません。

ピンチをチャンスに！

一店一車「移動販売車」

動く店舗を持つ時代へ

セールスポイント

平常時でも緊急時でも活躍できる移動販売車を全国くまなく配置することで、より強固な生活支援ネットワークが構築できる。

関連業種

スーパー、ショッピングセンター、移動販売業者、高齢者施設、自動車メーカー休日の夕方、家族で出かけた帰りのこと。

妻「きょうの夕食、どうする？」

すでに「夕食はつくりません」オーラ全開の妻。

私「食事して行こうか？」

次男「イエ～イ、やったー！」

妻「え……、疲れたから早くお風呂に入りたい」

次男「……（怒）」

私「じゃあ、お弁当買って帰ろう！　カズ（長男）はどう？」

長男「別にええよ」

私「じゃあ、決まり！　家の近所のスーパーで買い物して行こう」

妻「え……、夕方のスーパーは激混みだから、レジ待ちが嫌」

私「ママは車で待っていていいから」

妻「休日の夕方は弁当や惣菜を買う人が多いから、『お弁当・惣菜限定レジ』をつくってくれると買いに行ってもいいのになぁ～」

次男「ママは何様？」

と小声で呟く。

私「コラコラ、余計なことを言うな」

しかし、休日の夕方限定で「お弁当・惣菜限定レジ」を設けるのは悪くないアイデア。そこで、こんなアイデアを思いつく。

少々乱暴な提案。地域のスーパー一店舗につき、一台の移動販売車を国の補助金で導入する案。移動販売車は、軽ワゴンを改造したタイプで電気自動車。

トリセツ　平常時の「移動販売車」の利用方法

1 夕方～夜にかけて買い物客が多い時間帯に、店舗とは反対の駐車場の端に停め、惣菜と弁当を販売。目的は、夕食に弁当を買いに来たお客がさくっと買って、さっと帰れるように。スーパーの品揃えと安さに加え、コンビニの便利さが加われば最強。平日だけでなく、休

日の夕方も人気になりそう。店内とレジの混雑緩和にも貢献

2 昼間は、会員の高齢者宅を廻ったり、出張販売をする。また、高齢者施設を廻り、レクリエーションの一環で入居者に買い物の楽しさを味わってもらう。駄菓子をお金を出して買う体験をしたら気持ちが若返るかも

3 地域イベントに出展したり、希望者に有料で貸し出したりして盛り上げる

トリセツ

緊急時の「移動販売車」の利用方法

1 災害が発生したら、全国のスーパーにある移動販売車が被災地へ向かい、食料の運搬から買い物支援

2 移動販売車は簡易のキッチンカーに変身して炊き出し支援をしたり、電気自動車なので電源車としても活躍

3 食料面が足りていたら医薬品を乗せて被災地へ向かい、医療面の支援ができる。避難所にこんな「薬局」があったら便利

このように平常時でも緊急時でも、活躍できる移動販売車を全国くまなく配置することで、より強固な生活支援ネットワークが構築できる。

必要な場所へ、必要な人のために移動できる点が移動販売車の最大のメリット。生産台数が増えたら導入コストもメンテナンス費用も下がり、補助金に頼らなくても起業したい人が増えることも期待したい。

ビジネス・アイデア
―儲ける脳トレ―

移動販売車は移動手段がなく、近くにお店がない方にはとても便利なサービスだ。しかし、採算性が常に課題となります。そこで、事例に挙げた利用方法以外でも収益をもたらすサービスを考えてみましょう。安定した定期収入が見込めるとなおベスト。例えば、移動販売車のドライバーがタブレット端末を持ち歩き、タブレット端末から家電や農業資材をネット通販で注文するとマージンが入るほか、配送料も得られるビジネスモデルなど。

文通便

優しい安否確認

セールスポイント

「文通」専用のサービスで、専用封筒に市販ノートを入れて「交換日記」を楽しむサービス。

関連業種

郵便、介護、高齢者向けサービス、安心・安全サービス妻「お義母さんがカズ（長男）の誕生日プレゼントを持ってきてくれたよ」
私「もう高校生なんだから、いらないだろうに……」
妻「うちの両親もそうだけど、お爺ちゃんお婆ちゃんはしてあげたいのよ。ありがたいじゃない」

自宅から少し離れたところに両親が住んでいる。ともに七〇代で父は八〇歳手前。父は今も週二、三回は登山を楽しむほど元気で、母も一〇年以上毎朝のウォーキングは欠かさない。しかし、元気な人ほど体調を崩した時に一気に老化が進むという。だから努めて電話して〝安否確認〟をしている。

今の時代であればメールやネットカメラで両親の様子（情報）を知ることは簡単だ。しかし、知る方は安心感があるが、見られる方はどうなんだろう？　子供としても監視的な見守りは望まない。そのため、緊急性を必要としない状況であれば、こんな「見守りサービス」はどうだろうか。安価で心がこもっていて、親孝行にもなりそう。

トリセツ

「文通便」の送り方

郵便局が新しいサービスで「文通便」を企画。その名の通り、「文通」専用のサービスで専用封筒に市販ノートを入れて「交換日記」を楽しむサービス。

専用封筒：レターパックのような厚紙の封筒で、中には大学ノート一冊が入るサイズと厚み（一センチ）

郵送料：一回の郵送料は一〇〇円（仮）

封筒の宛名面は2つに区切られており、それぞれ住所を書く欄がある。また、切手を貼るスペースもそれぞれある。

〈「文通便」の送り方　A↓B〉

（1）Aさんが Bさんに送る時は、Bさんの宛名側に一〇〇円切手を貼る

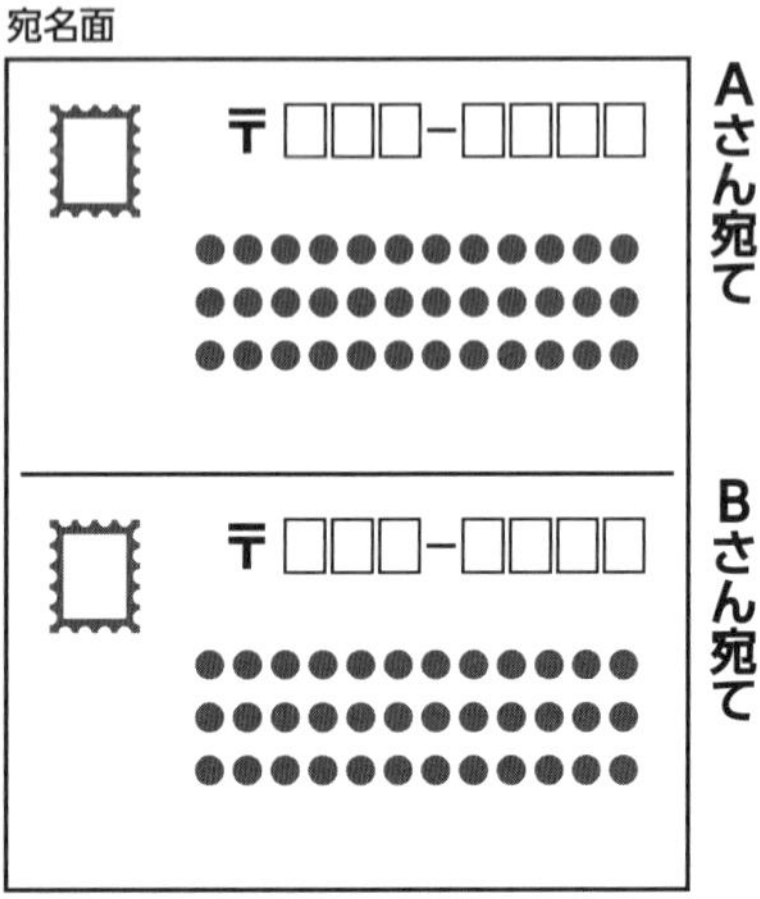

（2）郵便ポストに投函
（3）郵便局が切手に消印を押してBさんへ届ける

Aさんが書いた「日記（手紙）」をBさんが読んで同じノートに返事を書く。書き終わると同じ封筒に入れる。

〈「文通便」の送り方　B→A〉

（1）BさんがAさんに送る時は、Aさんの宛名側に一〇〇円切手を貼る
（2）郵便ポストに投函
（3）郵便局が切手に消印を押してAさんへ届ける

これで往復できる。封筒は再利用できるタイプで一〇回程度往復できる強度。片道一週間か二週間で往復するのもいいし、一ヶ月で往復するのもいい。デジタルの時代だからこそ、手書きの文章は心に沁みる。ノートには孫の写真を貼ったり、親のために健康情報の記事や料理レシピを挟んだり。「交換日記」は後で見返す時、とてもいい。

また、封筒に貼る切手も記念切手や季節の切手を使ったら、より思い出が残る。封筒は毎年デザインが変わるといいなぁ。
「文通便」は親子間だけでなく、友人間、恩師と卒業生なども楽しめそう。きっと「文通便」を投函したら、翌日からポストを覗くのが楽しみになる。このゆるいドキドキ感はきっと癖になる。

ビジネス・アイデア
―儲ける脳トレ―

監視ではない「ゆるいつながり」をキーワードに、「文通」以外で離れた親とコミュニケーションができるサービスはないでしょうか。例えば、家庭菜園をしている高齢者が多いので、「野菜定期便」なる宅配サービスを設けて、特定の住所間で月一回なら安価で送れるのもコミュニケーションの一つになります。

ピンチをチャンスに！

トランスフォーメーション・バス「病院バス」

緊急時は「病院バス」が急行する

セールスポイント

緊急時は「病院バス」として活用することを前提に、車両代の半額（もしくは全額：仮）を国や自治体が負担をしてバス会社へ提供する。平常時は一般客向けに運用しながら維持・管理していく。

関連業種

バス会社、長距離バス運営会社、医療機関、政府・自治体妻「観光が目的のクルーズ船が新型コロナウィルスの感染で、海の上の〝病院〟になってしまったわね」

私「そうだね、アメリカには海軍の『病院船』が実際にあるみたいだよ」

「造船各社『病院船』に着目　受注低迷で争奪戦　～コスト高、収益増は未知数～」（日経二〇二〇年五月六日）

政府は四月三〇日に成立した二〇二〇年度の補正予算で、「病院船」導入への調査費を計上した。推進を目指す議員連盟が三月に政府に要請した船体の構想は、全長約二〇〇メートル強、幅二〇メートル強と長距離フェリー並みの大きさだ。患者用ベッド二五〇床やヘリコプターなどを備え、建造費は二五〇億～三〇〇億円を見込む。日本の南北に計二隻配備することを想定している。一隻あたりの受注額は大型タンカー三隻分、もしくは、鉄鉱石などを運ぶばら積み船五隻分ほどに相当するとみられる。（記事抜粋）

一九九〇年の中東湾岸危機、二〇一一年の東日本大震災にも検討されたようですが、平常時の運用形態や維持費などの課題で実現しなかった。

そこで、「船がダメならバスはどう?」と考えた案がこちら。
高速バスの中にはファーストクラス並のラグジュアリーを誇る高級バスがあり、このバスを緊急時に「病院バス」にトランスフォーメーション（変換）する。

トリセツ

「病院バス」の特徴

1 個室化でき、個別換気機能あり
2 二階建の二階では緊急手術も可能
3 医師と看護師が休息できるスペースを備え、薬・医療機器も搭載できる
4 ドクターヘリとも連携し、全国にくまなく配置

トリセツ

「病院バス」緊急時の活用方法

1 災害・大規模事故の際に重傷患者を乗せて治療しながら現地から病院へ移動できる

2 感染症が発生した時、隔離施設、検査施設として活用

3 病床不足の病院に駆けつけ、臨時病棟として活用

緊急時は「病院バス」として活用することを前提に、車両代の半額（もしくは全額：仮）を国や自治体が負担をしてバス会社へ提供する。このバスを所有するバス会社は、平常時は一般客向けに運用しながら維持・管理していく。

トリセツ

「病院バス」平常時の活用方法

1 高級高速バスとして運用する

2 医師・看護師が同行して長期入院患者を旅行へ連れて行くサービス

3 高齢者施設の入居者の旅行に活用する

4 スポーツイベントの救護車として活用する

空にはドクターヘリ、海には病院船、陸は救急車と病院バスを運用すれば、平常時も緊急時も柔軟に対応できる医療体制が実現する。さらに、医薬品をドローンで届けるシステムを構築できれば完璧。

ビジネス・アイデア
―儲ける脳トレ―

高速バスより身近な乗り物としてタクシーがあります。タクシーこそが万が一の時、何か役割を担えば台数も多く、急行しやすいです。何より日本全国にくまなく配置できます。そこで、身近なタクシーがどんな役割を担えば私達の生活がより安全・安心になるでしょう。「どんな時にこんなサービスが欲しい」と考えてください。タクシー会社の中には、二四時間「駆けつけサービス」を提供している会社もあります。

試食権付きギフト券

有料なら気兼ねなく試食できる！

セールスポイント

デパ地下内の店舗を回り、購入したい手土産候補が見つかると《ギフト券》を店員に見せ、「試食したい」と伝えると試食できる。

関連業種

デパ地下、お土産売り場、お菓子売り場、ギフトコーナーちょっとした不注意で我が家の愛犬が脱走した。家族総出で探して確保したものの、ご近所には迷惑をかけた。

私「菓子箱を持って謝りに行こうか？」

妻「そうね、今から買いに行くわ」

夫婦で近くのケーキ屋へ。

私「この菓子箱はどう？」

妻「高齢のご夫婦だから、お口に合うかしら……。お隣さんは小さい子がいるから、このクッキーがいいかも」

贈り先の事を考えると菓子箱一つでも悩んでしまう。

さて、緊急事態宣言が解除後、スーパーや百貨店など小売業の業界団体のガイドラインを発表。例えばスーパーやコンビニのガイドラインは左記の通り。（※一部抜粋）

・惣菜やパンなどは個別包装
・試食販売は原則中止
・レジではコイントレーで現金受渡を励行

そこで、売り場で調理してその場で食べてもらう「試食販売」はできなくても、こんな試食はどうだろう？（※試食の商品は個別包装された商品）

例えば、デパ地下で大切な得意先へ手土産を買おうとした時。

トリセツ

「試食権付きギフト券」サービスの流れ

1 デパ地下内に設けられた「サービスカウンター」でお客が《ギフト券》を購入。この《ギフト券》は金額に応じて試食が可能

《三千円ギフト券》・・・三回試食できる

《五千円ギフト券》・・・五回試食できる

《一万円ギフト券》・・・十回試食できる

2 購入者はデパ地下内の店舗を回り、購入したい手土産候補が見つかると《ギフト券》を店員に見せ、「試食したい」と伝えると試食ができる

3 《ギフト券》の裏面にはスタンプを押す欄があり、試食ごとに店員はスタンプを押す（試

食回数はこれで記録）

4 金額に応じた試食回数が終わり、買いたい手土産が見つかればそのお店で《ギフト券》を使い、商品を購入

※試食には時間制限があり、《ギフト券》購入後三時間以内

※《ギフト券》で商品購入する際の時間制限はなし

※《ギフト券》の額面を超える商品の購入は超過分を足せば購入可能

こんな試食サービスは「失敗は許されない」お客様にはありがたいサービス。決して損はなく、試食も気兼ねなくできる。試食ができると手土産を手渡す際に「実はこのお菓子は～」と相手と会話ができ、より得意先との距離が縮まる。

また、《ギフト券》の試食スタンプは販売側はマーケティングに使え、

- どの商品と競合しているのか？
- 購入した商品と試食の相関関係は？
- 店内をどのように回ったか？

●試食の多いディスプレイ（お店）は？

などがわかる。

店舗にとっては試食用の商品を用意したり、店舗間競争が高まる可能性はあるが、緊張感があってより売り場が活気づく。

ビジネス・アイデア
ー儲ける脳トレー

「無料はやめる」。今まで無料で提供していたサービスを有料にしたら、と思考を変えたら何が発想できるでしょうか。例えば、アパレルショップの試着を有料にする。非常識だが、ウィズコロナ時代は感染防止につながり、店員の負担も減る。有料のメリットは、プロのコーディネートや着こなしアドバイス付き。お金をもらう以上、責任感が高まります。他にも再配達だったり、ビジネスホテルの朝食だったり。もし、御社のサービスで無料があれば、有料にしたらと考えてみたらどうでしょう。

第 4 章

あるものを活かして、ないものを創れ!

ウィズコロナ時代の「発展ビジネス・アイデア」

DIYホームポスト

つくって、使って、お得に買う！

セールスポイント

人手不足で「再配達」が社会問題となり、新型コロナウイルスの自粛中は、在宅中でも玄関前に荷物を置くこともあった。これからは一家に一台の時代に。

関連業種

郵政、ホームセンター、ネット通販、配送業者ネット通販で商品を買う、そして届く。一昨日も、昨日も、きょうも。
妻「明日はないでしょうね？」
と怒りを滲ませて、私に問う。とても答えられるわけがない、実は届くから。
妻「もう、宅配ボックスを置かない？」
私「はい、置きましょう、置きましょう！　どんなのがいい？」
ということで、二人してネットで「宅配ボックス」を探し始める。
妻「意外に高いわねぇ」
私「そうだよね、ちょっとびっくり。やめとく？」
妻「いや、買う！　うちは留守が多いから宅配業者さんに申し訳ない」
私「ほんと、申し訳ないね」

結局、気に入るものが見つからず、その日は断念する。受取方法としてコンビニがあるが、大きさや物によって受け取れない商品もある。個人的にはできるだけコンビニ受け取りにしているが。さて、ここで考えたアイデアをご紹介。宅配ボックスを流行りのＤＩＹでつくろうというイベントです。

トリセツ

「DIYホームポスト」イベントの開催システム

主催：ホームセンター
協賛：ネット通販モール、郵政省、国土交通省
参加費：一万円（仮）材料費込み
製作物：家庭用の郵便ポスト&宅配ボックス

このイベントを週末にホームセンターで開催する。宅配ボックスとポストは金属製のため組み上がっているが、自立式にするのか置き型にするのか、色は何色に塗るのかなど、外観は木材を使って仕上げていく。工具はホームセンターで借り、半日で完成。自作した郵便ポスト&宅配ボックスを自宅に設置したら終了！

イベントの特徴

1 郵便ポスト&宅配ボックスをつくる楽しみがある
2 自分でつくった郵便ポスト&宅配ボックスを設置する喜びに加え、参加費一万円の中に協

贅のネット通販モールのポイント三〇〇〇円（仮）分が含まれている

3 ポイントでネット通販ができるお得感が付いてくる

4 注文したら届くまでの待ち遠しさがある

5 予定通り宅配ボックスで荷物が受け取れた感動がある

一回の参加で何度も楽しみが味わえるイベントだ。

ビジネス・アイデア
―儲ける脳トレ―

参加型のイベントで手づくりすることはよくあります。つくったらその場ですぐに使いたいですよね。特に実用的な物なら、なおさら。そこで、「(1) つくる」「(2) その場で使う」「(3) 喜びを味わう」をコンセプトにしたイベントを考えてみましょう。例えば、マイ箸をつくるイベント。ショッピングモールでイベントを開催し、完成後、ショッピングモール内の飲食店で食事をする流れをつくってはどうでしょう。さらに今後、感染症対策で使い捨ての割り箸かマイ箸が流行りそうでぴったり。

週末のブランチ弁当

配達網はラストワンマイルの本命が担う

セールスポイント

お弁当は専門業者がつくるが、窓口・料金回収・配達は、いつもの新聞配達店がしてくれると手間なく、安心して利用できる。

関連業種

新聞配達業者、弁当・惣菜製造、デリバリー金曜の夜のこと。
妻「土曜日の雨予報は、今でもホッとするわ。『あ～明日はゆっくり寝れそう』って」
我が家の次男が野球をしており、小中学の時は週末は朝から晩まで野球漬け。それにつきあう親もほぼ出ずっぱり。
私「同感！　俺も小中高と野球をしていたから、雨の日は今でもワクワクする」
妻「ということで、朝の犬の散歩はお願いします」
私「あれ？　そうなの!?」
妻「カズ（長男）が補習で七時には家を出るから朝食もよろしく。お弁当は無くていいから」
私「……」
私は、最近老化のせいか、朝、目が覚めるのがやたら早いのです。
休日の朝は、ゆっくり寝ていたい。しかも、朝食もつくらないで済むなら、なおさら幸せだ～。
そんな願望を叶えてみせましょう。
週末の朝こそ、ちょっとリッチな遅めの朝食をいただくのはいかが。極上の休日の朝を堪能できる。

トリセツ

「週末のブランチ弁当」の想定シーン

金曜日の朝、新聞に折込チラシを入れる。

お弁当の種類は、シンプルに和食と洋食の二種類。
気に入ったら電話で注文。電話先は、新聞配達店。

客「○○町のコジマですが、週末のブランチ、注文できますか?」
新「はい、ありがとうございます」
客「和食二つと洋食二つ、お願いします」
新「配達時間は一○時〜一○時三○分ごろですが、よろしいでしょうか?」
客「はい、大丈夫です」

注文はこれでOK！　お弁当が届くとインターフォン越しに、「お弁当を玄関先に配達いたしましたので、よろしくお願いいたします」とのやりとりだけ。
利用者は配達スタッフがいなくなったら、玄関先に置かれたお弁当を取りに行く。このサービスはノーメイクでパジャマ姿でも受け取れるのが売り。支払いの手間もなく、注文も電話でお弁当の種類を言うだけで、煩わしい説明や手続きもなし。ゆっくりしたい週末の朝にぴったり。
お弁当は専門業者が製造するが、窓口・料金回収・配達は、いつもの新聞配達店がしてくれるので住所を伝える手間なく、安心して利用できる。もし、新型コロナウイルスで自粛要請が出ても、この仕組みを活かせば飲食店の支援ができる。新聞の購読世帯も増えたら、なお嬉しいこと。

ビジネス・アイデア
―儲ける脳トレ―

毎日配達してくれて、信頼と実績のある新聞配達（＝インフラ）をビジネスに活用しない手はありません。地元の飲食店が「週末ビジネス」として、このサービスを活用する手もあります。もし、あなたがこのインフラを活用して新しいビジネスを起こすなら、どんなビジネスで使いますか？

ショップスタッフ・ショップ

「あなたから買いたい」がリアル店舗の理想

セールスポイント

スマホで「ショップスタッフ・ショップ」を見たら接客した店員からのメッセージを発見、「あなたから買いたい！」と思わせる。

関連業種

家電量販店、ドラックストア、セレクトショップ、雑貨店、ネットショップふらっと駅ビルにある家電量販店に入る。気になる商品があり、店員さんに話を聞く。

私「このワイヤレス・イヤフォンは、使い勝手はいいですか？」

店員「お客様はどちらのスマホをお使いですか？」

店員さんは一生懸命に商品説明をしてくれて、欲しくなった。

しかし、衝動買いをするには少し高価、迷う。他店の価格も正直気になる。ネットで買えば持ち帰る手間もない。でも、一生懸命に説明してくれた店員さんのことを思うと、買うならこの店員さんから買いたい！

私「……ということなんだけど、どう思う？　やっぱりその店員さんから買いたいよね？」

妻「確かに親身に相談に乗ってくれたその店員さんから買ってあげたいね」

私「だろう！」

妻「でも、自分の小遣いで買ってよ」

私「やっぱり」

そこで、こんなサービスを考案。「出会い」が売り上げにつながる仕組み。一回のお客が一生のお客になる可能性も秘める。

トリセツ

「ショップスタッフ・ショップ」でお客をファンにする

1 店員から丁寧な商品説明を受ける

2 客「商品が高額なので、今すぐは買えません。しかし、買うならあなたから買いたい」と伝える

3 店員「ありがとうございます。では、私の名刺（QRコード付き）に私専用のショップがあります。そちらに今回の商品を載せておきますので、ご購入される時は専用パスワードを入力後、こちらからお買い求めください」（※専用パスワードは名刺に記入する）「あるいは、私がお店にいる時間がショップ内に記載してありますので、お店にお越しいただく時はお声をおかけください」

4 店員の名刺の裏面には、商談で提示してくれたサービス特典が記載してあり安心

5 店員専用のショップで買うと、その店員への評価が上がる仕組み

スマホで「ショップスタッフ・ショップ」を見たら、接客した店員からのメッセージがあるとなおさら「あなたから買いたい！」と思わせる。

一回の来店で一生のお客になる可能性も。近距離での会話を避ける今後は、店員とお客の距離を縮める手段としてネットを活用する。リアル店舗とネットの良いところの合わせ技。

ビジネス・アイデア
ー儲ける脳トレー

日経ＭＪの記事（二〇二〇年六月十七日）によると、飲食店が「情報サイトへの有料掲載をやめて、無料で利用できるインスタグラムなどのＳＮＳが台頭してきている」（抜粋）という。ＳＮＳを閲覧するファンや常連客の確保が、売り上げの確保にもつながっているという。今も昔もビジネスに発信力は不可欠で、情報の受け手は店や企業より店主や店員など、顔が見える情報に耳を傾ける。そこで、個々の店員の発信力を高め、店の売り上げに貢献できる仕組みを考えてみましょう。キーワードは「あなたから買いたい」。

オンライン授業研究部

生徒の、生徒による、生徒のためのオンラン授業

セールスポイント

生徒が中心となり「オンライン授業」をより学びの多い教材につくり上げていく部活動。生徒目線がポイント。

関連業種

学校、オンライン授業

五月の自粛期間中のこと。

私「ケイスケ（次男）は、オンライン授業についていけているの？」

妻「パソコンの画面は一生懸命見ているようだけど、理解しているかは疑問。高校入学して最初の授業が画面越しの先生では戸惑うわよね」

私「カズヒロ（長男）は？」

妻「カズの高校は、二年生までに授業がほぼ終わっているから授業は問題ないけど、今は半浪人生みたいな生活しているね」

我が家の息子たちは、長男が高三、次男が高一。共に市内の公立高校に通う。ゴールデンウィークが過ぎた頃からオンライン授業が始まり、次男の高校は一年生だけでも九〇本近いオンライン授業が公開されて、学校再開後に即テストと〝通告〟。まったく容赦ない高校だ。

次男「先生が早口すぎて、聞き取れないし、じっと画面を見ているのがつらい……」

と嘆く。確かに大人でも長時間の映像は見ていられないだろう。

さて、学校が再開されたからといって、オンライン授業をやめてはいけない。今後のコロナ禍を考えるとこれからが勝負だ。現状はまるでオンライン授業はなかったことになっている。

トリセツ

「オンライン授業研究部」の創設

この部は生徒が中心となり「オンライン授業」をより学びの多い教材につくり上げていく部活動。生徒目線がポイント。通常授業に戻っても週に数回の授業をオンライン授業にして、教師と生徒で試行錯誤を繰り返す。

1 授業の構成：教室での授業と違い、一人で見ていると集中できない生徒も多い。そのため、授業の入り方から重要なポイント、最後のまとめなど、動画ならではの構成を研究する

2 動画の長さ：授業時間の五〇分は長過ぎて大人でも集中力が切れる。そのため何分がベストか、教科別にベストな時間は違うのか、研究する

3 教師のジェスチャーや話す速さ：過度なパフォーマンスはいらないが、早口では聞き取れない。ここは教師も訓練して慣れるべき

4 教材：黒板に書くことや教材の使い方など、ネットでできることをフルに活用し、動画授業が楽しくてわかりやすい教材になるように研究する

5 高校オリジナル：高校により生徒の理解力の違いがあるため、独自にオンライン授業のノ

ウハウを積んでいくのがベスト

生まれた時からネットが日常にある生徒たちなので、ネットに詳しく活用方法も熟知している。面白がって主体的にやり、動画を制作しつつ勉強にも興味を持つ。

新型コロナウイルスの危機管理だけでなく、インフルエンザの流行や台風接近に伴う休校などでも活用できるため、学校が再開してからが大事。

ビジネス・アイデア
―儲ける脳トレ―

まったく儲けにつながらないアイデア。しかし、日本のいけないところは、喉元過ぎたらまったく関心がなくなるところです。実際、六月になり学校が始まると「オンライン授業」のオの字も言わないし、報道もありません。このアイデアで大事なのは「生徒目線」、つまり「利用者目線」。今一度、「利用者目線」の情報を得られる仕組みが御社にあるか確認してみてはどうでしょう。

売り場の華「華麗なる逸品」シリーズ

その一品（逸品）だけで食卓が華やかになる！

セールスポイント

買う時の優越感、自宅で調理するときのワクワク感、食卓に並べる幸福感。

関連業種

スーパー、ショッピングセンター、デパ地下妻が会社帰りに、お気に入りのケーキ屋さんでスウィーツを買ってきた。突然買ってくる時は勤め先で何かあったに違いない。

私「うわぁ～、美味しそうだねぇ！」

といつもになくソフトに声をかける。

妻「食べる？」

私「えっ、俺のもあるの？」

とわざとらしく聞く。

私「ありがとう！　いやぁ、疲れた時は甘いものはいいよね。何かあった？」

妻「何も言わないでいいから、黙って聞いてくれる？」

と妻は堰《せき》を切ったように愚痴り出した。

我慢しすぎると心身に良くない。コロナ禍の時は「自粛疲れ」があり、以前は「節約疲れ」もあった。だから時には適度な〝ガス抜き〟は必要。

そこで、身近なストレス解消である「買い物」と「食べる」で〝ガス抜き〟を考えてみた。

トリセツ

「売り場の華『華麗なる逸品』シリーズ」のシステム

「華麗なる逸品」シリーズのコンセプト

きょうの食卓に、この一品さえあれば『贅沢したなぁ〜♪』と満足できる品を自信を持って提案する。

1 商品は、【野菜】【肉】【魚】から【漬物】や【豆腐】、【お米】など

2 各売り場に一品のみ、「華麗なる逸品」を紹介

3 紹介の仕方は各売り場に専用テーブルを設け、スポットライトを当てて目立たせる

4 販売の仕方は「きょうの食卓に一品」なので、一食分を小分け売り（大人一人一食分が目安）、お米は「一合」小袋販売。通常の分量なら高単価でも小分けにしたら安くなり、購入意欲も高まる

5 小分けした「華麗なる逸品」にはそのこだわり情報をＰＯＰに書き、ＰＯＰも商品に付け

て持ち帰ってもらう。せっかく贅沢をするなら、その〝自覚〟は大切。そのPOPが食卓に明るい会話をもたらす

毎日、生活のためだけの買い物では楽しくない。「きょうは何かな？」という期待感を持って来店できる。販売数は、もちろん限定販売。売り手はその期待を裏切らないように厳選する。買う時の優越感、自宅で調理する時のワクワク感、食卓に並べる幸福感。ただ安値を狙って買うだけが買い物ではありませんよ、と売る側が教えてくれる売り場をつくってほしい。

ビジネス・アイデア
―儲ける脳トレ―

日常生活の中でできる「自分へのご褒美」を考えてみましょう。しかし、他人の贅沢についてはわかりません。そんな時は、「自分ならこんなことが嬉しい」という起点で考えると発想しやすくなります。例えば、コーヒーチケット（一〇枚一組）があるとします。この一〇枚のうち、一枚だけ「極上コーヒー」が飲めるチケットを入れておきます。そのチケットには、「あなたの『晴れの日』にぜひご利用ください」と記載します。そんなチケットを一枚財布に入れておくだけでワクワクしますよね。コーヒーショップへの想いも強くなり、決して忘れません。

コンビニの自販機活用

新しい消費行動を生もう！

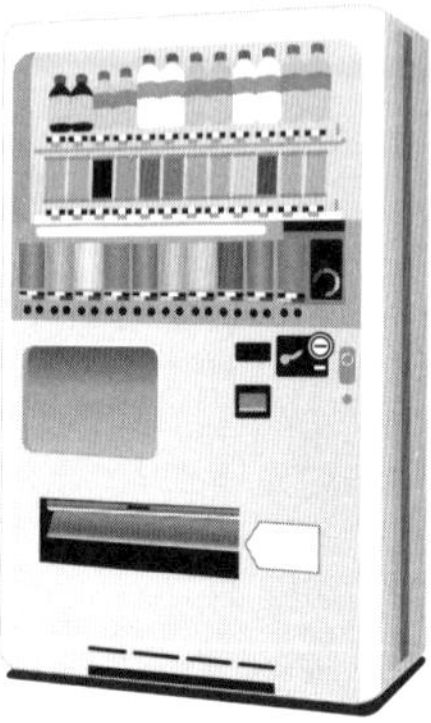

セールスポイント

電子マネーで、ピッして、ポチッと押して、ガチャンで完了。

「うん、かなり便利！」。

夏場は、汗拭きシートなど自販機でヒットしそう。

関連業種

コンビニ、自動販売機メーカー、エナジードリンク、お菓子、サプリメント朝の通勤時間にコンビニに立ち寄ると、レジ前に人の行列ができている。店員は手慣れた様子でレジ作業をしているため、お客の回転は速い。また、お客も朝の買い物はほぼ決まってい る様子で、店内に入るなり目的の商品を一、二個手にとってレジに並ぶ。だから、なおさら速い。

私「朝、会社へ行く時、コンビニに立ち寄る？」
妻「立ち寄るよ」
私「買う物は決まっているの？」
妻「決まっている。チョコとカフェオーレ」
私「銘柄も決まっている？」
妻「決まっている」

……とココで考える。だったら、自販機でも良くない？　コンビニの店前に自動販売機を数台置いて……、

（1）人気ドリンク　ベスト一〇
（2）エナジードリンク　ベスト一〇

（3）ついで買い軽食　ベスト一〇
（4）ゼリー飲料　ベスト一〇
と販売したら、もっと販売効率が上がるのでは？

トリセツ 「コンビニの自販機活用」のメリット

1 店員のレジ作業の負担が軽減
2 店内の什器や商品、店員への接触がなく衛生的
3 すぐ買えるから来店回数も増える

軽食を扱える自販機もあるので、自販機で販売できる商品は積極的に自販機を活用する。歩道に面しているコンビニは店内に置いてもいい。

電子マネーで、ピッして、ポチッと押して、ガチャンで完了。

うん、かなり便利！　夏場は、汗拭きシートなど自販機でヒットしそう。しかも「cold」で

冷えていたら、買いたくなる。自販機での販売スタイルが浸透したら一〇〇円コーヒーに押されていた缶コーヒーが復権するかも。むしろ缶コーヒーメーカーが積極的にコンビニに自販機を勧めてみたら、いかがだろう？　新しい消費行動を生もう！

「そうだ、自販機は（店員とは）非接触だ」

ビジネス・アイデア
―儲ける脳トレ―

もし、コンビニの店前に自販機を置いて、あなたが自由に商品を選べたら、あなたは何を販売しますか？　条件として缶ジュースやペットボトルサイズの商品。私はお菓子の詰め合わせが欲しい！　さまざまなお菓子の小袋をミックスにして、「お楽しみ」として販売。ワクワク感と残念感が入り混じり、それはそれで楽しい。ひょっとして「あれっ、これうまいね！」と新しいお菓子を開拓（買いたく）する可能性もあります。

交通系ギフト券

コロナ収束後は両親（祖父母）に会いに行こう！

セールスポイント

新幹線を利用して帰省する家族は、新幹線チケットを購入する際に使える。高速バスで移動する学生も使える。恋人同士で贈り合ったり、就活生や受験生にも使える。

関連業種

公共交通機関、新幹線、飛行機、高速バス

妻「大学生の時は、どんなバイトをしていたの？」
私「居酒屋の調理人とハンバーガー屋でバイトしていたなぁ」
妻「月いくらくらい収入があったの？」
私「十五万くらい」
妻「そんなに稼いでたの！　何に使っていたの？」
私「自転車レースを全国で転戦したり、日本と海外を自転車で放浪していたなぁ」
妻「学費や生活費に当てようとは思わなかったの？」
私「ない」
妻「……。うちの子供たちは〝そんな大学生〟にはなってほしくないな……」
私「……」

新型コロナウイルスで自粛期間中は、大学生もバイトができず、生活が困窮したという報道があった。移動制限が解除されたら、大学生はまずは実家へ帰り、健康な姿を親に見せるべし。

しかし、バイトをしていないから帰省するお金がない大学生に、こんなサービスを考えた。

使い途が限定されていた方が迷いがなく使える。

トリセツ

「交通系ギフト券」想定シーン

「長男が大学生になったら……」

父「カズヒロ（孫：大学生）はこっちに帰ってこんのか？」

私「バイトができずお金ないから、帰って来れんよ」

長男のカズヒロは大学生、バイト先をコロナの影響で失い、〝無職〟が続き、金欠状態。暮らしていけるお金は仕送りしているが、帰省するお金はない。

父「じゃあ、お金を送ってあげようか？」

私「いいよ、もう大人なんだから。それにお金を送ったら他のもんに使ってしまうわ」

父「私が会いたいんじゃ！　いいギフト券があるから贈るよ」

私「ギフト券？」

後日……。

カズヒロ「あれ、じいちゃんから手紙？　が届いとる」

封を開けてみると祖父からのメッセージカードと一緒に、見慣れないチケット（券）が入っていた。

帰省の時に使ってください。
交通系ギフト券
★3万円★

交通系ギフト券は、全国のあらゆる交通機関で使える金券。自粛期間を経て新型コロナウイルスの収束後、交通機関が一丸となり人の移動を促すためにつくるっていうのはどうでしょう。

新幹線を利用して帰省する家族は、新幹線チケットを購入する際に使える。高速バスで移動する学生も使える。恋人同士で贈り合ったり、就活生や受験生にも使える。特にお金がかかる就活生は嬉しい。

人が動けば経済が潤い、多くの人に笑顔が戻る。

ビジネス・アイデア
—儲ける脳トレ—

二〇〇九年三月～二〇一一年六月『高速道路どれだけ走っても一〇〇〇円』が実施されました。どこまで乗っても一〇〇〇円はインパクトがあったなぁ。恩恵を受けて家族旅行に何度も行った記憶があります。今観光産業が窮地に立たされています。賛否両論のGOTOキャンペーンもありますが、あなたならどんな施策を企画しますか？「人が移動する仕掛け」を考えてみましょう。全国でも観光地限定でもOK！

孝行便

お買い物ポイントが送料に使える

セールスポイント

いつもの買い物をして、貯まったポイントで宅配の送料が負担できたら、あの人に送りたくなる。

関連業種

スーパー、ショッピングセンター、商店街、宅配業者息子たちの学校が自粛期間で休校の時のこと。

妻「実家のお義母さんがレトルトカレーやインスタントラーメン、お菓子を持ってきてくれたよ」

とスマホにメッセージが届いた。息子たちが学校休校で自宅待機のため、母が気遣って食べ物をよく持って来てくれる。息子たちには会わず、玄関先に置いて帰るのだ。

私「俺からもお礼を言っとくわ」

と返信する。早速、母に電話をすると嬉しそうに話をしてくれる。

緊急事態宣言中、両親との間で物のやりとりが増えた。お互いに心配して、食料やマスク、除菌スプレーなどを送り合った。実家から離れて大学に通う子供に食料を箱に詰めて送る知り合いもいて、みな助け合ってこの難局を生き抜いている。

そこで、こんなサービスを考えた。親御さんと会話するいい機会にも。

スーパーの「専用ダンボール箱」で同地域内であれば、買い物ポイントで送れる宅配サービス。しかも、重さは関係なく詰め放題。これが「孝行便」。

トリセツ

「孝行便」で、定期的な〝まとめ買い〟を喚起

1 レジで支払いを済ませたお客が、袋詰めのスペースに置いてある専用ダンボール箱に購入した食料品を詰める

2 詰め終わると伝票を書き、店内のカスタマーサービスへ持って行く

3 「送料はポイントでお願いします」とポイントカードを店員に手渡し手続きを済ませる

必要なポイント数は、平均的な「お買い物金額」と「回数」であれば、二ヶ月で一回送ることができる程度。

想定される利用方法として、離れて暮らす高齢の両親へ重いお米や醤油、みりんなどの調味料を送る。近所にスーパーがなかったり、高齢で車の運転をしなくなった方も増えている。自転車で重い食品を運ぶのは危険なため、子供が代わりに買って親へ送る。普段の買い物をして貯まったポイントで送料が負担できたら、とても助かる。

娘「お母さん、今回は何が欲しい？　今足りない物は何かある？」

と母に電話する。

母「いつもありがとうね。もうすぐ味噌がなくなるわ」

という会話ができ、定期的に電話をすることも親孝行。買い物を知れば生活ぶりもわかり、子供としても安心である。スーパーとしても売上が上がる。袋詰めスペースの「孝行便」を見るたびに親のことを思い出す。もちろん、大学生で一人暮らしをする子供に送るのもＯＫ！

「お母さん、いつも送ってくれてありがとう」と言えば、それだけで親孝行だ。

ビジネス・アイデア
─儲ける脳トレ─

私は企画業をしつつ、通販事業も運営しています。通販でありがたい顧客は、セット買いやまとめ買いの顧客。実際、単品購入もまとめ買いも梱包・発送の手間はそれほど変わらないため、運営側にとっては一度にたくさん買っていただけるのはありがたい。そのため、セット商品やまとめ買いがしやすい仕組みにしています。これは小売店も同じでしょう。そこで、今回の事例のように〝まとめ買い〟をしたくなる仕掛けを考えてみましょう。

マルチ・スーパーライブ・シート

エンタメ業界は「観客＋配信」でV字回復

セールスポイント

あらゆるエンタメ系ライブが、プライベート空間で飲食しながら楽しめる。三密を回避して周辺の飲食店も潤う。

関連業種

音響・映像機器メーカー、ホームシアター、カラオケボックス、駅ナカ、飲食店二〇二〇年三月三〇日（月）の夕食の時。

妻「ねぇ、うちのパソコンって、あなたが使っているパソコン以外はないの？」
私「ないよ、だって必要ないじゃん」
妻「それがさぁ、必要になっちゃったんだよね〜」
勤め先で経理事務をしている妻が、四月よりリモートワークになった。
私「そうか、リモートワークか。じゃぁ、週末、買いに行こうよ」
週末、自宅から一番近い家電量販店に家族で行った。
次男「わぁ、すごいよこれ！」
と次男が驚いたのは、ホームシアター。あるバンドのライブ映像が流れている。
妻「私、このバンドが大好き！」
次男「ドンドン、お腹に響くよ」
私「コラコラ、勝手に座るな！」
妻「本当、すごいねぇ！　後ろからも聴こえるわよ！」
私「……。あの、ママ、パソコンは？」
妻「ホームシアターが家にあったら、ライブに行けなくても楽しめるわね！」

ライブに行けなくても……そうか、三密回避でライブを楽しむこの策があったか！

トリセツ 「マルチ・スーパーライブ・シート」の活用例

「マルチ」＝複数

「スーパーライブ」＝臨場感が味わえる

「シート」＝座席

つまりライブ配信されるエンターテイメントを、最高の映像・音響システムでゆったりと一人で楽しめるスペースのこと。コロナ禍以降、エンターテイメント業界と映像・音響機器メーカーが一体となり、従来の「観客」にプラスして「配信」サービスも収益源にできるサービスを考案。ゆったりと座れるシートを覆うように最新の映像モニターと音響システムが配備され、現地会場とは一味違うエンターテイメントが楽しめる。

〈利用方法〉

1 事前に買った電子チケットを持っていけば利用できる

2 店舗に行ってその場で購入して利用することも可

〈視聴方法〉

ライブ配信の場合は、リアルタイムで会場と一緒になって楽しめるほか、録画放送も楽しめる

〈コンテンツ〉

コンサート、ライブ、演劇、ミュージカルなど、あらゆるエンターテイメントが楽しめる。大規模施設だけでなく、小規模ライブハウスにも対応し、インディーズにも「観客＋配信」で収入が入る仕組み

〈その他サービス〉

飲食が可能で、近隣の飲食店からのデリバリー対応で、周辺の飲食店にも喜ばれる

〈衛生管理〉

施設はシートごとに換気がされており、使用後は除菌シートで拭き取りやすい形状でスタッ

フの負担を軽減しつつ、安心安全構造にもなっている

リモートワークの普及によりオフィスの廃止や縮小する企業が増え、空室を埋めるように「マルチ・スーパーライブ・シート」を普及させる。コロナ禍以降、エンタメ業界の収入は「観客+配信」でV字回復を目指す。

ビジネス・アイデア
―儲ける脳トレ―

プライベート空間と言えば、マイカーの中があります。マイカーで利用できるサービスの一つに、巨大な駐車場にスクリーンを配置し、車に乗ったまま映画が鑑賞できるドライブインシアターがあります。そこで、映画ではなくアーティストのライブを楽しめる「ドライブイン・ライブハウス」を実現するとしたら、どんな機材や施設が必要でしょうか？　ライブを楽しむ時、どんな体験ができると最高？

ピンチをチャンスに！

席決め係「AI」

機械が決めた方が良い時もある

セールスポイント

店内の様子をカメラで撮影し、「AI」が店内の混み具合を分析、できるだけ客同士の間隔が狭くならないように席を決める。

関連業種

カフェ・喫茶店、飲食店、ファミレス、ソフトウエア開発、タブレット端末、ディスプレイ妻「三密を避けて営業してくださいって、報道で言っているけど、座席を減らしたら飲食店はつらいよね」
私「どこの飲食店も座席を効率的に配置して、回転を上げるために工夫して利益を出しているお店が多いからね」
妻「そうそう、カフェでね、座席についてお客さんと店員さんがもめているところを見たの。『なんで俺がこの席なんだ！　あそこの席があいているだろう！』って」
私「以前ならクレームにならなかったことが、今はみな神経質になっているから、つい言っちゃうんだろうね」
妻「だったらさぁ、座席をくじ引きにでもしたら、公平で文句もないんじゃない？」
私「さすがにくじ引きはないけど、そのアイデア、意外にユニークかも」

ということで思いついたアイデアがこれ。「店の利用目的」も同時に調査できたら、これだけでも導入価値あり。

トリセツ

「席決め係『A1』」の導入で、店員の負担を軽減

訪問先へ行く途中、少し時間が空いたので近くのカフェへ。お店へ入り、コーヒーを注文、
でき上がりを待つ間、
店員「お席はこちらでご案内させていただきます」
と紹介されたのがタブレット端末。

〈タブレット端末〉

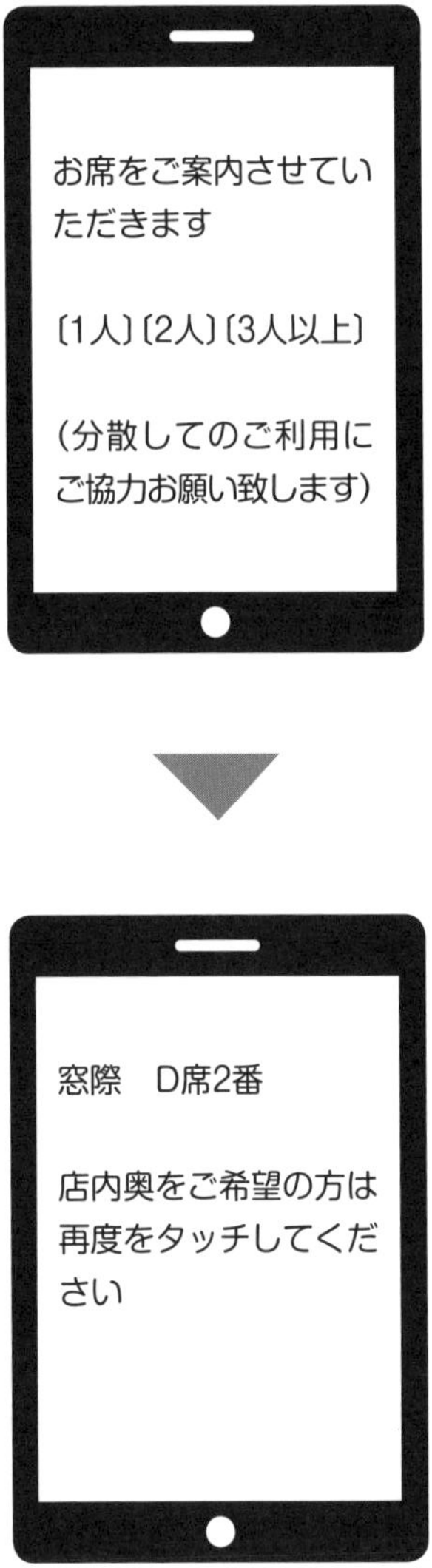
お席をご案内させていただきます
〔1人〕〔2人〕〔3人以上〕
(分散してのご利用にご協力お願い致します)
窓際　D席2番
店内奥をご希望の方は再度をタッチしてください

指定のペンで画面をタッチする
※使用したペンは「使用済み」に入れる

店員「ゆっくりご利用ください」
私　「ありがとうございます」

店内の様子をカメラで撮影し、「ＡＩ」が店内の混み具合を分析、できるだけ客同士の間隔が狭くならないように席を決める。「陽が差し込まない奥がいい」という要望は、もう一度画面をタッチすると別の席を案内してくれる。

画面表示を工夫すれば、

●「パソコンを使いたい」
●「ゆっくり読書をしたい」
●「三人座りたい」

などアレンジができ、時間帯別の「店の利用目的」がわかれば、商品・サービス開発に情報が活かせる。このシステムを導入することで、座席の案内でクレームを言われたり、お客との接触する回数を減らすことができ、店員の負担が軽減できる。

ビジネス・アイデア
―儲ける脳トレ―

このシステムを使った応用編を考えてみましょう。例えば、ファミレスで店員に客ごとの滞在時間を色で知らせ、お水の交換や追加注文などベストなタイミングを教えてくれるサービスはユニークです。あなたなら「席決め係『AI』」を使ってどのようなオプションサービスを企画しますか？

焼きたてデリバリー

食のリアルタイムサービス

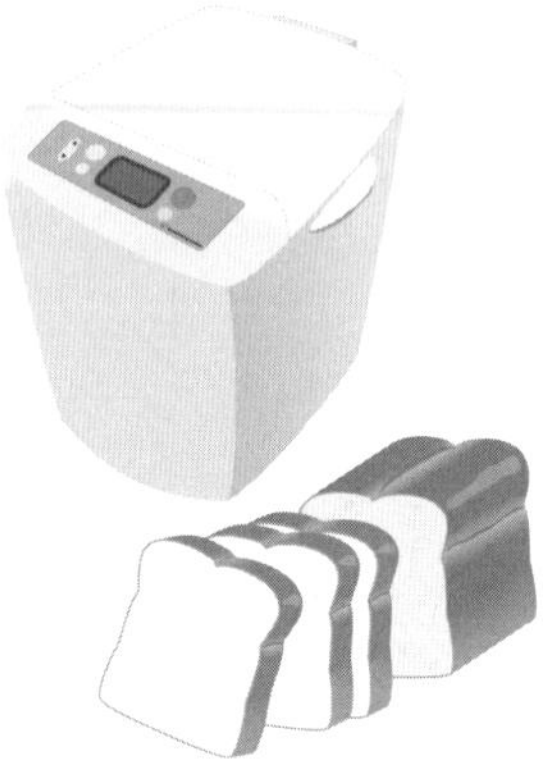

セールスポイント

パン屋は店舗を開けなくても、お客が来店しなくても営業ができる。実はこのシステムは、炊飯器を使ったご飯もできるし、同じホームベーカリーでお餅もできる。

関連業種

パン屋、お米屋、家電量販店、家電メーカー、デリバリー業者朝、目を覚ますといい匂いがした。布団から出てキッチンにいくと妻が朝食の用意をしている。

私「この匂いは、パン？」

妻「正解！」

ホームベーカリーでパンを焼いている。

私「焼きたてのパンは、本当に美味しいよね」

妻「特別な材料は使っていないけど、できたては何でも美味しいのよ。ご飯もそうよ。ちゃんと帰る時間を連絡してくれたら、いつでもできたてを用意するけどね……」

私「……」

妻「タイマーで朝七時に設定したから、あと十五分かな。その間に、リビングに広がった仕事の資料を片付けてよ」

私「……」

妻「で、きょうは何時に帰ってくるの？」

家庭用のホームベーカリーでも、スーパーで買える食材で美味しいパンが焼ける。タイマーを使えば希望の時間に焼きたてが食べられる。だったら、こんなサービスは魅力的。パン屋さんの材料を使った焼きたてパンなら最強だ。

トリセツ

「焼きたてデリバリー」の想定シーン

朝一〇時ごろ、会社の休憩室に見慣れない物が置いてあった。近くにいた女性社員に聞く。

男性社員「これ、何？」

女性社員「あっ、これですか、これで美味しいパンが焼けるんですよ♪」

男性社員「パンが焼けるの？」

女性社員「そう、実はホームベーカリーです。見たことないんですか？」

男性社員「へぇ〜、誰かが持ってきたの？」

女性社員「違いますよ。これは、このホームベーカリーごと、宅配してくれるサービスです。前日までに予約すると翌日の朝、届けてくれるんです。パンの種類や小麦の種類も選択できるんですよ」

男性社員「それはすごいね！　お昼になると焼きあがるんだ！」

女性社員「そうです。ホクホクのパンが、お昼に会社で食べられるなんて、とっても幸せですよね。本当の焼きたてパンって、一度食べると病み付きになるんですよね〜」

男性社員「小麦も選べるのか、すごいね！」
女性社員「トッピングでレーズンを入れたり、小豆も入れたりできます。でも、数人分をまとめてお願いするから、みんなの好き嫌いもありますけどね」
男性社員「食べ終わったら、これはどうなるの？」
女性社員「午後に回収に来てくれます」

焼きたてパンの醍醐味が味わえる「焼きたてデリバリー」。お弁当の配達はお昼前後に集中するが、これはホームベーカリーの予約機能が使えるので、配達時間に幅が持てる。

トリセツ

「焼きたてデリバリー」の利用システム

1 前日に注文したい仲間と相談して、生地やトッピングを決め予約する
2 パン屋で生地をホームベーカリーに入れて配達
3 配達先に着いたらホームベーカリーのコンセントを差し込み、タイマーを注文者の指定時

間（例：十二時十五分）にセット

4 十二時十五分になったらホームベーカリーから焼きたてパンを取り出し、業者が一緒に持ってきたパン切り包丁で切り、仲間と食べる

5 午後二時頃、デリバリー業者がホームベーカリーを回収

これならパン屋は店舗を開けなくても、お客が来店しなくても営業が可能。実はこのシステムは、炊飯器を使った炊きたてご飯もできるし、同じホームベーカリーでつきたてお餅もできる。

ビジネス・アイデア
－儲ける脳トレ－

調理家電が人気です。自粛期間中は家庭料理が中心だったため、品薄の調理家電もあったようです。食材を入れて置いておくだけで料理ができたり、油を使わずに唐揚げができたり、バリエーションも豊富。そこで、調理家電を使って、新しいデリバリーサービスを考えてみましょう。

第5章

起死回生、今こそ、攻めの一手！

ウィズコロナ時代の「新規ビジネス・アイデア」

ドライブスルーデリッシュ

非接触で成立するビジネス!?

セールスポイント

全国展開も夢ではない。ピザ窯を用意して本格的なピザを提供するお店も出てくるかも。カップ麺専門もあり。

関連業種

ガソリンスタンド、副業・兼業、飲食店、惣菜・弁当、冷凍・チルド食品仕事から帰ってきた妻が開口一番。

妻「大通りのファストフードのドライブスルーが激混みだった！」

私「ほぼ非接触で販売できるから、ドライブスルーは強いよね。しかも、スマホから注文ができるから、ウィズコロナの時代は最強だなぁ」

妻「でも、道路までドライブスルーの列がはみ出るのは問題よね」

私「確かに。自粛期間中で閉まっている店が多いから集中しちゃったのかなあ」

妻「スマホで注文が取れるんだったら、商品の受け取りだけ別の場所にしたらいいのに」

私「なるほど！　駐車場に停めて、店員さんが車へ持っていく方法ならドライブスルーがなくてもできるね」

妻「車が立ち寄りやすい店と言えば、ガソリンスタンドもあるよね」

ここ二〇年で半減したと言われるガソリンスタンド。現在は約三万店で、二〇年以上連続で減少している。

そこで、ガソリンスタンドを活用したビジネスを考えてみた。それが「ドライブスルー」。

ガソリンスタンドの特徴的な構造を活かし、なおかつ「三密」でないビジネス。

トリセツ

「ドライブスルーデリッシュ」の概要

1 注文はネットのみ、支払いも来店前にスマホ決済で済ませる
2 店舗は受け取り専用
3 販売商品はチルド商品と冷凍商品

トリセツ

「ドライブスルーデリッシュ」の想定シーン

1 ある週末、家族で車で外出した帰り、帰宅後の夕食の支度が面倒になり、お母さんが「きょうの夕食はお弁当でどう?」と言うと、子供たちは「いいね!」と全会一致! お弁当はいつものドライブスルー
2 早速、スマホでお弁当選び。家族全員のお弁当が決まったら、その場でネット注文。注文の際、到着予想時間（例：一時間）も入力し、完了!
3 一時間後、自宅近くのガソリンスタンドのドライブスルーへ。お父さん「注文したコジマ

です」と言うと、スタッフが窓から「ご用意できております。お弁当四つですね」

4 入店から受け取って出るまで一分もかからずに終了

商品はチルド食品と冷凍食品が中心のため、オーダーが入り到着時間に合わせてレンジで温めれば提供できる。今のチルド食品や冷凍食品は本当に美味しい商品が多く、冷凍パンでもパン屋に負けないもっちり感がある。つくりたてのお弁当や惣菜ではないので食品ロスも少ない。再び感染症が広まってもこのビジネスなら生き残れる。

このビジネスのポイントは迅速さ。そのため、スマホで注文の際に車のナンバーを入力しておき、車がガソリンスタンドに入ってくる直前にカメラで認識→店内モニター通知にしたら、より早く、しかもほぼ会話なしで商品が提供できる。店舗によってはピザ窯を用意して本格的なピザを提供するお店も出てくるかも。カップ麺専門もありだな。

ビジネス・アイデア
―儲ける脳トレ―

単純に問います。このビジネスモデルを使うなら、あなたなら何を売りますか？ポイントは、（1）注文から提供までに時間があること。（2）調理前の食材は長期保存が効くこと。（3）ワンオペでも素早くできる調理方法であること。以上を考えてみると世の中の料理のほとんどが提供可能かも。

食品ベストパック工房

飲食店街に一つ欲しい工房

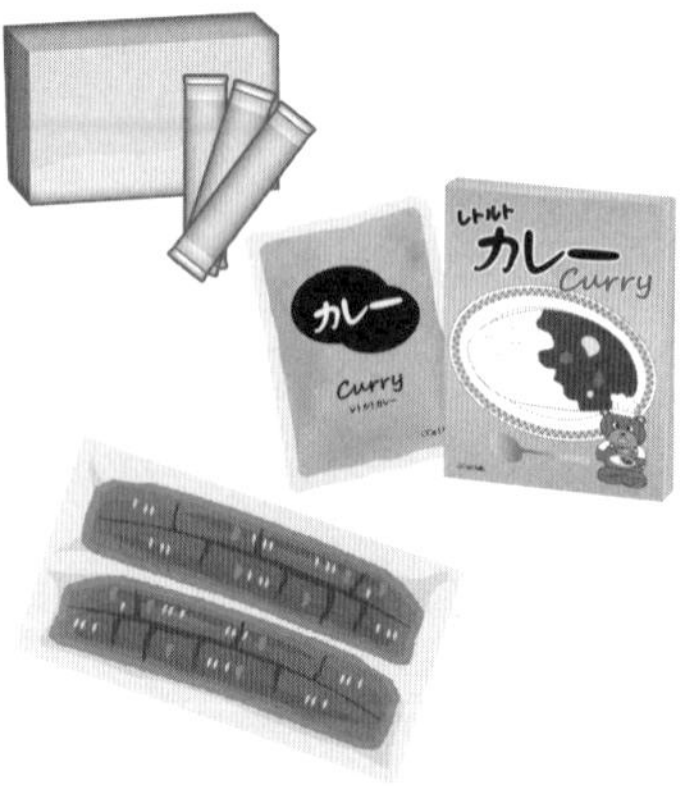

セールスポイント

通販事業がない飲食店は、工房が代わりにネットショップで販売する。完成品だけでなく、オリジナル調味料や香辛料も販売できる。

関連業種

飲食店、パッケージ製造、ネット通販、包装資材

妻「会社でネット通販事業をしているじゃない？　カフェをやっている友達が通販やりたいみたいだけど、始めるとしたら何が大切？」
私「送料と梱包。極端な話、梱包する箱のサイズを決めて送料がいくらになるか計算してから商品開発をした方がいい」

店内で食事ができない時、飲食店にできるビジネスは？

（1）弁当の店頭販売・持ち帰り
（2）出前
（3）食材・食品の通販
（1）と（2）は多くの飲食店がコロナ禍の時でも対応できた。しかし、（3）については簡単にはできない。食品包装には紙、プラスチック、金属、ガラスなど多種多様あり、包装資材や衛生管理の知識のほか、味を損なわず保存するノウハウが必要。個人事業主が多い飲食店には簡単に参入できない。
そこで、飲食店の第三の副業を支援する工房を新規ビジネスで立ち上げてはどうだろう？

トリセツ

「食品ベストパック工房」の利用方法

1 飲食店がパッケージ商品として売り出したい食材・料理を工房に持ち込む
2 工房のスタッフと相談し、店側の売り方を考慮してパッケージの仕方と包装資材を決定する
3 店側はパッケージに適した調理方法の指導を受ける
4 後日、店で調理した料理を工房へ持ち込む
5 工房側は指定したパッケージで商品化する

工房の出店場所は飲食店街かその周辺。飲食店が直に料理を持ち込める距離にあると便利。さらに通販事業がない店舗は、工房が代わりにネットショップで販売してくれる。調理した完成品だけでなく、オリジナル調味料や香辛料も販売できる。

大手の牛丼店やカレー店がレトルトパックを販売するように、個人店でも〝飛び道具〟として通販事業を持っていたら、店内での食事ができない事態でも弁当、出前と合わせれば、「売

上九〇％減」という事態は避けられる。

店舗運営をしながら複数の事業を展開するのは個人店では正直大変だが、数量限定でも赤字でなければ継続し、ノウハウを積んでおくと万が一の時に身を助ける。土産品やギフト品まで完成度が高められたら、利益が出る事業に成長するかもしれない。

ビジネス・アイデア
―儲ける脳トレ―

さぁ、飲食店ができる「第四の副業」を考えてみましょう。ポイントは通常営業に極力負担をかけず、継続できること。継続できるとは省力化も大事だが、赤字にはならないこと。例えば一つ事例を紹介します。集客方法は3つあり、（一）自分で集める、（二）他人に集めてもらう、（三）集まっているところへ行く。今回は（三）を応用してみます。自店のファンに、地域のイベントに出店してもらいます。スポット的な暖簾分けです。ファンは週末の副業として稼げ、ひょっとしたら「店を出したい」と本気になるかも。

まちの文藝場

「お金」の後は「文化」で貢献

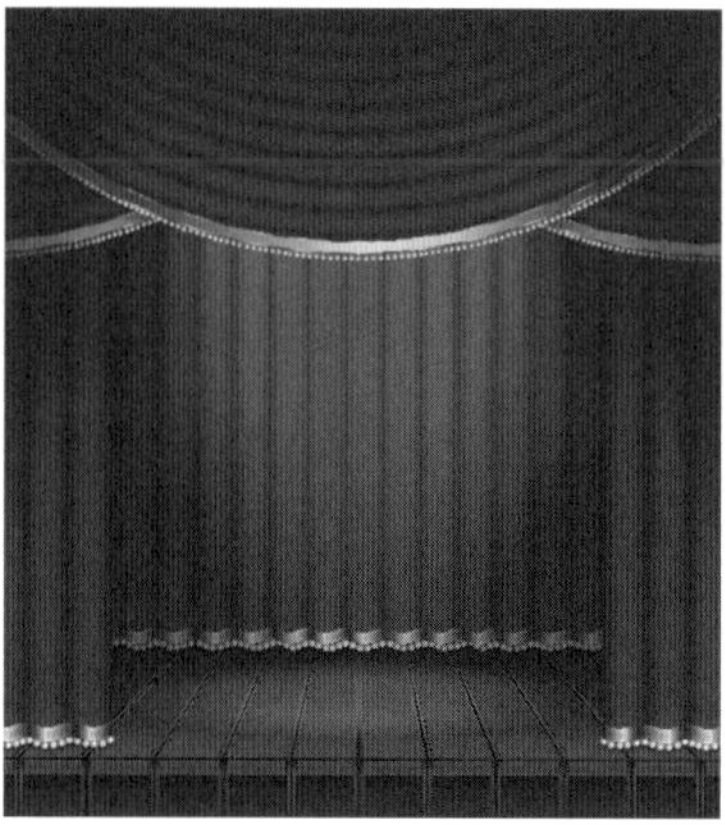

セールスポイント

閉鎖した銀行支店を「まちの文藝場」として再利用。重厚な建物で天井高を活かし、舞台と客席をつくり、照明、ネット配信設備を完備。鉄筋の建物は防音にも適している。

関連業種

銀行、エンタメ、ライブ、音響機器メーカー、デリバリー業者、飲食店妻「また、銀行が支店を減らすみたい」

妻が新聞を読みながら呟く。

私「そうらしいね。うちの会社もネット銀行でお金の出し入れをしているから、銀行の窓口にはほとんど行かないしなぁ」

元銀行員で支店にも務めた経験がある妻は少し寂しそうだ。

コロナ禍以前から始まっている銀行の支店網の整理・縮小。キャッシュレス時代には支店の役割は多くなく、大手銀行から地方銀行までスリム化を図り、不採算の支店を閉鎖している。その結果、残された元支店の建物。

実は以前、ある銀行の支店物件の売買に関わったことがある。物件を内覧した建築家によれば「再利用するより取り壊して立て直した方が安上がり」とのこと。意外に使えない構造だそうだ。そこで、考えたこんな活用方法はいかが？

「まちの文藝場」として閉鎖した銀行支店を再利用。重厚な建物の天井高を活かし、舞台と客席をつくり、照明、ネット配信設備を完備。鉄筋の建物は防音にも適している。

トリセツ

「まちの文藝場」の利用シーン

1 演劇の舞台：プロの劇団から中学、高校の演劇部、地域の演劇クラブなど、銀行の支店だったことでアクセスの良さを活かして、地域に根ざした演劇場として利用

2 ライブ会場：バンド・アイドルのライブ会場として。また、映画鑑賞にも使える

トリセツ

「まちの文藝場」の収益

会場利用料とネット配信の代行のほか、野球場のようにシーズンシート（六ヶ月間）の会員制度を設けて安定収入を目指す。シーズンシートは会場を取り囲むように二階席にあり、飲食も可。会員は会社帰りにふらっと立ち寄り、舞台稽古だったり、バンドの練習風景を観ながらしっぽりとお酒を飲むことができる。銀行の支店は駐車場が狭い所が多いので、身障者の方以外は駐車は有料で事前予約のみ。基本的に公共交通機関を使っての来場。非常時の場合は避難所になったり、駅前にある「まちの文藝場」は帰宅困難者の休憩場所としても利用。

各文藝場は独立採算制で、芸術と文化を愛するオーナーが心を込めて運営する。生活をしながらも、舞台のある「文藝場」が地域のあちこちで見かけるって素敵だ。

新型コロナウイルスの影響が再び出た時は、ネット配信中心に切り替える。そのために、日頃からネット会員も募集し、収益の多角化をしておく。

ビジネス・アイデア
—儲ける脳トレ—

新型コロナウイルスの自粛期間中に「リモートワーク」を導入する企業が増え、今後、出勤しないスタイルが定着していく可能性があります。そうなるとオフィスがいらなくなるか、縮小する企業が出てきます。特に家賃の高い都心のオフィスビルは空室が増えると予想。そこで、オフィスとして使っていたスペースを利用したサービスアイデアを考えてみましょう。考え方として、同じ部屋でも「平日」と「週末」は別々の利用方法を考えたり、日中はオフィス、夜間はバーなど二毛作したり、安定収入と変動収入でサービス内容を考えると収益が安定します。

QR基金

デジタル市民が日本の歴史的遺産を守る

セールスポイント

余っているポイントや期限が切れそうなポイントで寄付ができ、文化遺産が守れるなら素敵だ。

関連業種

文化遺産、歴史的建造物、自治体、ショッピングサイト、ポイント発行会社二〇二〇年の新型コロナウイルスの影響で、国も地方も多額の税金を企業や国民に投入した。税金はこういう時にこそ、使うべき。誰も異論はない。

しかし、日本には大小さまざまな歴史的遺産が多数あり、日に日に朽ちていく。早く改修工事をしないと失われてしまう建造物がある。特に地方で関心度が低い遺産は資金も補助金も少なく、茅葺き屋根が朽ちて崩壊しそうな神社もある。そこで「QR基金」の設立を考えた。

トリセツ　「QR基金」の想定シーン

1　ある歴史的に貴重な神社へ参拝に行った時のこと。参拝を終え、帰ろうとすると一枚の立て看板が目に入る

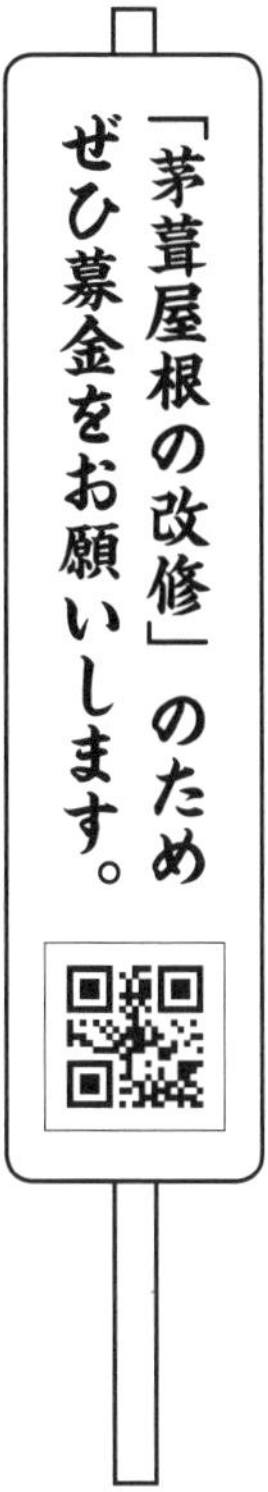
「茅葺屋根の改修」のため
ぜひ募金をお願いします。

2 立て看板を読むと、お金でもポイントでも寄付ができるという。早速、スマホでQRコードを読み取り、アクセスしてみた

3 すると提携している企業やショップの一覧が表示される

4 「ちょうど使い道のないポイントが二五〇ポイントあるから、寄付しよう」

神社側には（会員のポイント二五〇）＋（ショップのポイント二五）が寄付される

5 寄付が終わると、下記の画面が表示される

これが専用サイトで閲覧することができる。また、完成後に《お披露目会のご招待券》も付いてくる。もし、こんな仕組みがあったら、使わないポイントや期限が切れそうなポイントを寄付したくなりませんか？

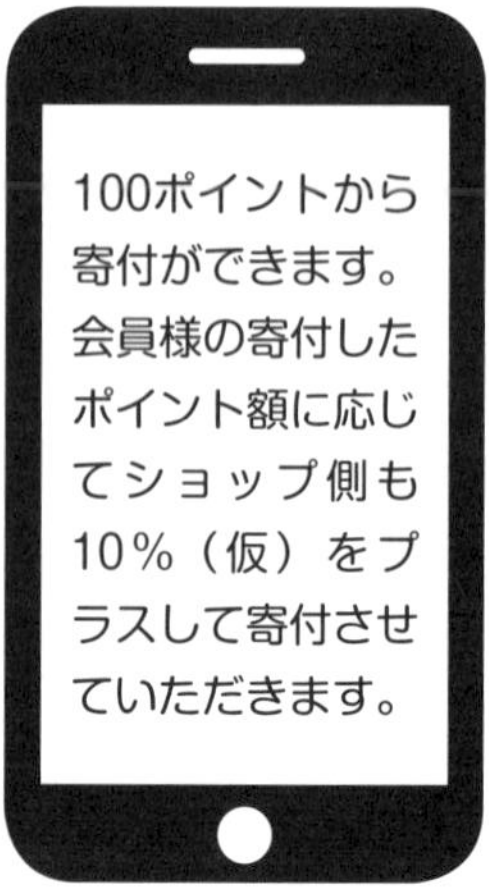
100ポイントから寄付ができます。会員様の寄付したポイント額に応じてショップ側も10％（仮）をプラスして寄付させていただきます。

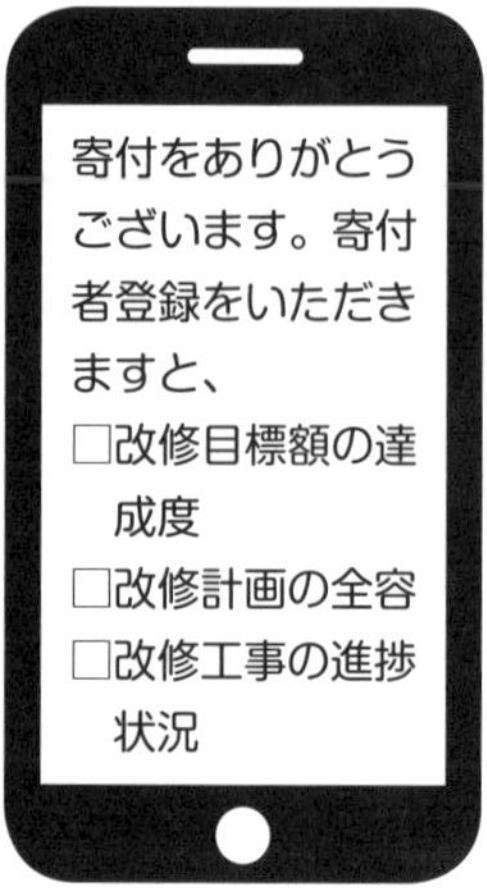
寄付をありがとうございます。寄付者登録をいただきますと、
□改修目標額の達成度
□改修計画の全容
□改修工事の進捗状況

喜んで寄付する人が多いと思うが、本当に改修工事に使われるのかと心配する人も少なくない。そのため透明性の高い仕組みで寄付を募り、日本の遺産を守っていくことが大事。忘れた頃に、

「募金が目標額を達成しましたので、来年から改修工事に入ります」

「改修工事の様子を動画でアップしています」

などと通知が来たら嬉しい。関心度も高まり、完成後は見に行きたくなる。逆に旅行をする度にQR基金ができる施設を探して募金をし、その後の経過を楽しむという旅行もありかも。

ビジネス・アイデア
―儲ける脳トレ―

小学生ながらにも、各家庭から回収した新聞紙や段ボールで、学校の備品を買うシステムに驚いたことを記憶しています。不要な物が「必要」に変わるって、画期的なこと。そこで日常生活の行動パターンの中で、不用品を回収し、それが社会の役に立つ仕組みを考えてみましょう。例えば、企業で読み終わった本を社員から回収し、それを買い取ってもらい、得たお金で児童絵本を地域の図書館や施設に寄付します。

ドクター・コンドミニアム

医療従事者の方へ「離島へお越しください」

セールスポイント

島に宿泊していただき、島を知っていただき、島に愛着を持っていただきたい。そんな想いのサービス。

関連業種

離島、医師、看護師、医療従事者、旅館・ホテル・民宿、観光業、自治体ネット通販で物色している妻が呟く。
妻「最近、送料無料が増えたけど、離島はやっぱり別料金なんだ」
私「輸送手段が船しかないと高くなるんだろうね」
妻「離島って行ったことないなぁ。あなたはあるんでしょう?」
私「あるよ。一番印象深いのは礼文島。離島って独特の空気感があったなぁ」
妻「渡る時は船なの?」
私「そう、フェリー。自転車はそのまま載せるか、分解して載せるかで料金が違うのよ。貧乏旅行だったから、フェリーに乗る時はいつも分解していたなぁ」

島国の日本にはたくさんの離島がある。主に漁業や観光業を生業として、多くの人が生活している。しかし、新型コロナウイルスが感染拡大すると、観光客に対して「離島に来ないで」と訴えるほど医療が脆弱だ。高齢者も多く、感染が広がれば医療崩壊しかねない。

そこで、素人ながら島の医療について考えてみた。

今ある島の医療機関にプラスして、平常時より医療従事者が島にいる状態をつくるため、医療従事者の方が無料で宿泊できるコンドミニアムをつくってはどうだろう。

医療従事者の皆様へ

我が島には医療従事者の方が宿泊できるコンドミニアムがあります。
ぜひ、長期休暇の際は島にお越しいただき、リフレッシュしてください。

トリセツ

「ドクター・コンドミニアム」のシステム

1 医療従事者および同伴の家族は無料で宿泊できる（要予約：管理は自治体）

2 滞在中に緊急事態が発生し、島の医療では足りなくなった時、医師として協力していただける方

3 同様に、滞在中に看護師として遠隔医療で医師の指示に従い、患者を診ていただける方島に宿泊していただき、島を知っていただき、島に愛着を持っていただきたい。そんな想いのサービス。医療従事者のネットワークで島のことが広く認知されたら、なお素晴らしい。遠隔医療の時代がきても、島のことを知っていれば適切な医療が提供しやすくなる。

ビジネス・アイデア
―儲ける脳トレ―

自粛期間、自宅でリモートワークをしていて、改めて「オフィスは要らないなぁ」と感じます。今ある製品やサービスでも十分対応できています。離島の医療も、多くの人が真剣に知恵を出し合ったら、既存の技術やサービスでも対応できるのではないかと考えました。そこで、あなたにも離島の医療を充実させる方法を考えてみてほしい。あなたのビジネスに儲けをもたらすことがないかもしれないが、こういう異分野を真剣に考えることで視野と考える幅が広がり、発想の瞬発力が付く。騙されたと思って真剣に考えてみてください。

ホームメディカル・シェルター

緊急事態！
家庭内感染を防止せよ！

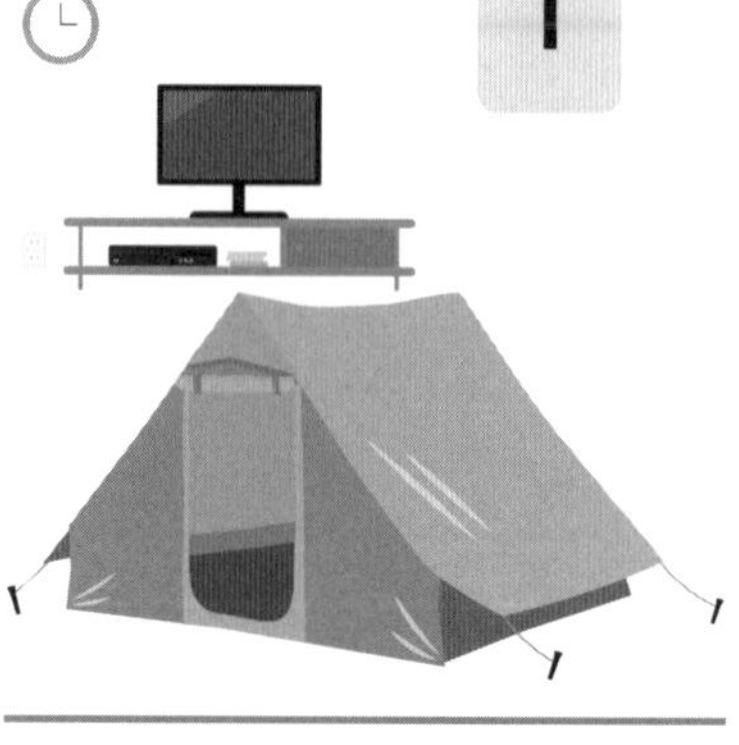

セールスポイント

新型コロナウイルスだけでなく、インフルエンザやノロウイルスなど、感染症は日常に潜んでいる。もし、家族の誰かが感染症にかかった時、家庭内感染を防ぐための商品を考案。

関連業種

マスクなど日用品を開発しているメーカー、ドラックストア、アウトドア関連企業、医療関連企業次男「ねぇ、キャンプ用のテントはどこに置いた？」

　庭の方から次男の声が聞こえる。

私「庭の物置小屋に入れてあるよ～」

次男「探したけど、見当たらないよ！」

私「わかった、今行くから待ってて」

　次の週末、家族で久々にキャンプに行くことになった。一番楽しみにしているのが次男。待ちきれない様子でキャンプ道具の準備をしている。

私「ほら、ここにあるよ」

次男「あっ、本当だ！　久しぶりだよね。前回行ったのは僕が小三の時だったよね」

私「もうそんなに経つのか……」

次男「でもさ、雨でキャンプに行けなかった時、リビングにテント張ったことがあったよね」

私「やったなぁ！　テントの中ってワクワクするよな」

次男「もし、僕がインフルエンザになったら、テントで寝たいなぁ。その方が元気になるかも」

私「なるほど、それ、名案！」

ということで思いついたアイデアはこちら。新型コロナウイルスで外出自粛が続いた時、家の中にテントを張ってアウトドア気分を味わう人がいたよね。

トリセツ
「ホームメディカル・シェルター」の特徴

キャンプ用のテントの中に、マスクに使われる不織布でつくられたもう一つのテントを張る。キャンプ用のテントの内側に引っ掛けるように設置すれば、簡単に家の中に「隔離テント」が完成。

1 マスク用の不織布でつくられているため、通気がよくウイルスも遮断できる
2 軽量のためキャンプ用テントの内側に引っ掛けるだけ
3 回復後は折りたたんでそのまま捨てることができ、感染防止のため部屋や家具を消毒しなくても済む
4 フィルター付きの換気口がついているため空気の循環ができ、夏場でも冷風が送れる
5 患者がトイレ等でテントを出る時に使う防護服も一着付属

使わないことに越したことはないが、万が一、感染症にかかった時に家庭内感染を防ぐために考案。インフルエンザの時も使え、リビングに設置したら個室より孤独感が和らぎ、患者のストレスも軽減される。特に小さいお子さんがいるご家庭は目の届くところにいてほしい。

万が一に備え、一家に一つ普及すると感染拡大の防止に役立つ。

〈主な感染症〉

インフルエンザ、ノロウイルス、アデノウイルス、はしか、手足口病、風疹など。

ビジネス・アイデア
―儲ける脳トレ―

キャンプ用テントはアウトドアが趣味の家庭にしかない。そこで、一般的に家庭内にあるもので感染症対策グッズはできないだろうか。例えば、ベッド。もし、あなたがベットに一工夫したら、どのような感染症対策グッズが閃くだろうか？

エアーシャワー・コート

玄関に常備して住居侵入を防ぐ！

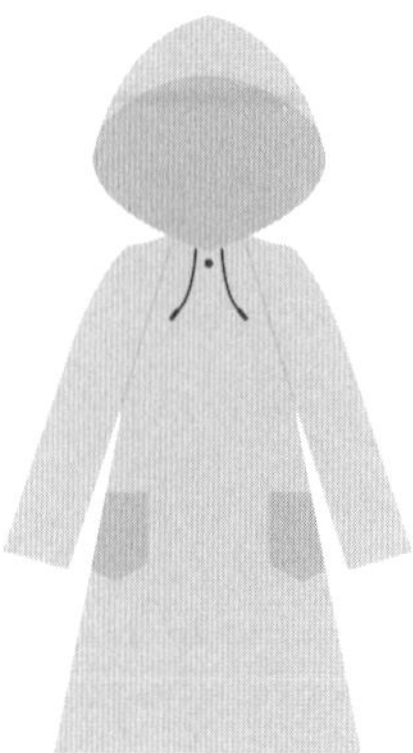

セールスポイント

一〇秒間シューッと噴射して、除菌。エアーがコートの中にある管を通して均等に噴射される点が最大の特徴。

関連業種

家電製造メーカー、除菌・殺菌剤

私の友人は数年前、闘病中の奥様の看病を経験しました。その時、外から帰宅すると玄関で身体中を除菌したそうです。奥様が抗がん剤治療で免疫力が低下していたためです。

友人「あの頃は、今回の新型コロナウィルス以上に気を遣ったよ」

新型コロナウイルスだけでなく、家の中に持ち込みたくないものは日常的にある。その代表格は、花粉。そして、宴会後の服に付いた臭い（妻によく言われる）。

忘年会シーズンの時は、

妻「宴会の後は、上着はコインランドリーで洗ってきたら。家の近所にあるコインランドリーなら二十四時間営業よ」

と本気なのか冗談なのか、図りかねる口調で言われる。

さて、私の体臭はさておき、体に付いたホコリが落とせる「エアーシャワー」を自宅の玄関で実現できないか、考えてみた。

一つの候補が、「レインコート」。名付けて「エアーシャワー・コート」。

トリセツ

「エアーシャワー・コート」の使い方

1 帰宅すると、玄関で服の上から「エアーシャワー・コート」を羽織る。コートは足首まであり、出ている箇所は顔と手のみ

2 除菌スプレー缶を手に取り、「エアーシャワー・コート」から伸びているノズルに除菌スプレー缶を接続

3 一〇秒間シューッと噴射して、除菌。エアーがコートの中にある管を通して均等に噴射される点が最大の特徴

4 これで除菌完了

5 「エアーシャワー・コート」は玄関で脱ぎ、畳んで指定のケースに片付ける

6 「エアーシャワー・コート」は大人用と子供用のサイズがあり、指定の回数を使ったら廃棄処分する

この方法なら家庭でも簡易の「エアーシャワー」が可能。また、オプションで「靴底洗浄」

と下から吸い込む専用の空気清浄機も考えられる。オプションを付けたら完璧。

この「エアーシャワー・コート」は除菌だけではない。除菌以外にも花粉・ホコリ、脱臭にも効果的。花粉・ホコリにはエアー強めの噴射スプレー、脱臭は消臭効果&香りで不快感を取り除く。洗濯後の衣服を「エアーシャワー・コート」を使って抗菌スプレー、菌を寄せ付けない方法もある。いろいろ使えそうだ。

ビジネス・アイデア
―儲ける脳トレ―

日本の新型コロナウイルスによる感染者数や死者数が比較的少ないのは、日本の「公衆衛生への意識の高さ」という説があります。本当かどうかは今後の検証によりますが、あながち間違っていないと個人的にも思います。そこで、家庭で習慣化できる「除菌」「殺菌」を考えてみましょう。習慣化できる条件は、手軽でかつ日常行動内でできること。例えば、家庭用の乾燥機で衣類を乾燥するとき、「殺菌ボール（除菌ボール）」を入れて一緒に乾燥するとより殺菌できるって、どう？

即日完売「小腹亭」

三つの大義がある新規ビジネス

セールスポイント

駅の利用者が「小腹亭」に立ち寄り、お弁当を買って家で食べる。「これ、うまいなぁ！」と感動したら、お弁当をつくったお店に足を運びたくなる。

関連業種

駅周辺の飲食店、駅ナカ、スマホ決済、スマホサイト

午後六時過ぎ、電車で帰宅中に私のスマホにメールが入る。

妻〈今晩の夕食は、子供たちが食べないからお弁当を買ってきて。私のリクエストは、ビストロA店のパスタと居酒屋B店の海鮮サラダ。以上〉

受験生の長男は、塾なのでいつも食べない。次男は、部活の合宿で不在。そんな時、妻は私の帰宅時間を見計らってメールを送ってくる。駅周辺の飲食店でお弁当を買って来いと。

私〈居酒屋B店で晩酌用に刺身を買ってもいい？〉

妻〈自分の小遣いなら、ご自由に〉

駅の中にコンビニがありお弁当や惣菜を買うには不自由しないが、定番の商品が多く、すぐに飽きてしまう。そのため、妻は駅で買える弁当ではなく、駅周辺の飲食店が販売しているお弁当をリクエストしてくる。新型コロナウイルスの自粛要請で飲食店が店舗が使えない時、お弁当や惣菜を販売し始めたのだが、これがとても旨かった！　妻はスマホでお弁当を販売している飲食店を見つけては、帰宅中の私を〝遠隔操作〟して買って来させている。私は駅を出てビストロA店へ向かう途中でつぶやいた。

私「いっそうのこと、みんな集めて販売してくれんかなぁ」

そうだよ、これだよ！

トリセツ

「即日完売『小腹亭』」の特徴

1 販売する商品（冷蔵、冷凍、常温、保温）は、お弁当、惣菜、お汁物

2 当日売り切り　※冷凍食品は除く

3 販売できるのは店舗を持つ飲食店限定

4 支払いはキャッシュレス

5 デリバリーはしないが取置き可

6 店舗の場所は駅ナカ

トリセツ

「即日完売『小腹亭』」の仕組み

1 飲食店が自店で商品（お弁当・惣菜・お汁物等）を調理する

2 調理後、スマホで専用サイトに商品情報（販売価格、商品名、原材料名、消費期限、保存

方法、製造者、商品写真）を入力、そして店舗へ持ち込める時間も入力

3 入力後、商品を店舗「即日完売『小腹亭』」へ持ち込み、店舗でラベルを出力し、商品に貼って自分で商品棚に並べる

4 主なお客は駅の利用者で、店舗「即日完売『小腹亭』」で欲しい商品を選び、店内レジでキャッシュレス決済で購入する

5 飲食店側がスマホで商品情報・商品写真を入力すると同時に専用サイトにアップされるため、利用者は取置きも可能。しかし、取置きは注文した時点で決済される

この「即日完売『小腹亭』」には飲食店を支援する三つの役割がある。

1 飲食店の新しい収益源
2 飲食店の宣伝
3 飲食店の食品・食材ロス減

今後も新型コロナウイルスの影響が残る可能性があり、第一波の教訓を活かして平常時からお弁当・惣菜ビジネスにも対応できるようにこの業態を創る。店舗を持つ飲食店限定にした理

由は、街に賑わいをもたらす飲食店に生き残ってほしいため。
駅の利用者が「小腹亭」に立ち寄り、惣菜を買って家で食べる。「これ、うまいなぁ！」と感動したら、そのお店にも足を運びたくなる。惣菜やお弁当からお店を知ることも期待でき、〝味覚〟で集客ができる。

ビジネス・アイデア
—儲ける脳トレ—

わかりにくい料金体系を統一する、点在していたモノを一箇所に集める、複数の窓口を一つにする。これだけで新規ビジネスが創れる。そこで、「統一する、集める、窓口一本化」をヒントに、飲食店業界でまだ世の中にない新規サービスを考えてみましょう。例えば、どの店舗にも共通の立ち飲みカウンターを設置して、気軽に「味見」ができるなんて、ユニークじゃない？

ピンチをチャンスに！

産地巡礼便

オフィスでの「お裾分け」が狙い目

セールスポイント

オフィスでランチの時は、多くの人の目に触れ、サービスだけでなく産地のこと、最盛期（旬の時期）も自然に知ってもらうことができる。さらにその場でお裾分けもできる。

関連業種

農業生産地、漁業、通販、オフィス

妻「きょうね、同僚の子がランチの時に、お裾分けしてくれたお菓子が美味しくてね。ふるさと納税で送られてきたんだって」
私「へぇ〜、ふるさと納税か、いいねぇ。また、ランチの時っていいね」
妻「どうして？」
私「だって、一緒に食事した人たちに知ってもらえるわけで、こうやって家で『美味しかったよ』と言えば家族にも伝わって、とても効果的な宣伝になるよね」
妻「なるほど、考えてもいなかった。だったら、〝女子〟のランチ会は宣伝には最強ね！」
私「話題になるってとても大事なことで、そうなるためにネーミングだったり、パッケージだったり、口コミしやすいように特徴をつくっていくからね」
妻「だったらお菓子の小袋はいいね。お裾分けしやすいし、会話のきっかけにもなるもんね」

ということで、オフィスのランチ時をピンポイントで狙ったこんなサービスはいかが。「お裾分けしやすい」が売り。

トリセツ

「産地巡礼便」加工食品の概要

1 毎月一回産地で採れた、旬の食材を調理したパック食品が届く
2 一セット二〇個（@二五〇円）五〇〇〇円（仮）
3 冷蔵すれば一ヶ月保存でき、主なターゲットはオフィス（で働く人）
4 月ごとの支払いだが、毎月二〇日までに（連続で）注文すれば送料無料
5 産地は日本全国を一年で一周する

トリセツ

「産地巡礼便」加工食品の特徴

1 お弁当のおかずとしてパックから直接食べられる手軽さ
2 産地で最も出荷が多い時期に大量に仕入れる。その方が市場価格が安く生産者も助かる
3 従来は農家単位での通販は多かったが、これは産地が一体となり取り組むビジネス。その

方が出荷が安定する

4 一セット二〇個の理由は、個別配送は購入者の送料負担が大きく、出荷側も個別配送は不慣れ。大口出荷の方が産地は慣れている

5 仮に一人で注文しても毎日一個ずつ昼食で食べたら一ヶ月で消費できる

オフィスをターゲットにする理由の一つに、ランチの時は多くの人の目に触れ、サービスだけでなく産地のこと、最盛期（旬の時期）も自然に知ってもらうことができ、簡単にお裾分けもできる。一個二五〇円なら気軽に買える価格。

新型コロナウイルスで人・経済の流れが止まり、多くの産地が生産物の廃棄を余儀なくされた。生産者によっては個別で注文を取り、しのいだ方もいたが、根本的な問題解決にはならない。そのため、産地全体が市場への出荷以外の消費ルートを持つべき。

ビジネス・アイデア
−儲ける脳トレ−

「産直通販」サービスは競合が数多くあり、販売促進が課題になります。そこで、販売促進の一つとしてビジネスホテルのロビーに箱詰めのサンプル品を置き、宿泊するビジネスパーソン向けにアピールするのはどうでしょうか。個別包装で二〇個あるので会社への手土産（後日届く）としても喜ばれ、気に入れば継続して注文する可能性もあります。オフィスに保存食として備えてあれば、万が一、帰宅困難になった時に役立つ。もし、あなたが販促企画を考える立場にいたら、どんな販売促進があるだろうか？　多少ぶっ飛んだアイデアの方がインパクトがあっていい。

あとがき

一〇年ほど前に「アイデア朝塾」を開講した。

朝、出勤前に登校し、弊社オリジナルの「アイデアプリント」を解くというシンプルな塾。解いたアイデアプリントはその場で提出し、その日の午後までに私が添削し、ネット上で評価が見れる仕組み。当時、「朝活」ブームに乗り、NHKをはじめ、テレビ、ラジオ、新聞、雑誌、ネット記事に至るまで取り上げていただき、朝七時開講にも関わらず教室が満席になるほど活況に。

しかし、春、夏までは順調だったが、秋をピークに冬になると徐々に受講生が減り、一月、二月の真冬には受講生がゼロという日も。二年目も年間を通して同じ傾向が続き、三年目も同じだった。そして閉講した。

ここで学んだこと。一つは、ブームに乗るとお金を使わなくても宣伝できること。だから便乗商法と聞くとイメージはよくないが、商才がある人ほど上手に便乗する。

二つ目は、やっぱり人は早起きが苦手。特に目を覚ました時、暗いとまず起きられない。さらに寒いとより布団から出たくなくなる。

三つ目は、大人ほど褒められると嬉しいこと。解いたプリントの添削方法は「褒めて、褒めて、一つの気づき」が基本。だから、どんなアイデアでも褒める。

「大人になってこんなに褒められたことはない」と言われる受講生もいた。そんなこんなで、個人向けの「アイデア朝塾」は諦めて、法人向けの「通信教育」に切り替えて現在に至る。

企画専業で起業して二〇年になるが、起業のきっかけは当時勤めていた広告会社で企画マンをしている時、見積書に「企画費」と書くと必ず値引きされる経験に起因する。

カタチのないものにはお金を払わない気質の名古屋商人たちは、決して「企画費」にはお金を払わなかった。三年広告会社の企画マンをしていたが、一度たりとも「企画費」を払った企業はなかった。

だから、「企画で飯が食える会社をつくってやる！」と若気の至りで起業してしまった。実はその一週間後に長男の妊娠がわかり、喜び半分冷や汗半分の心境だった。

しかし、企画専業とかっこいいことを言いつつ、起業後は仕事がない時期を過ごす。暇な時間を使ってメルマガを始めると、当時「メルマガ全盛期」のブームに乗り、読者も増え、出版もできた。

本をきっかけに企画の仕事も増え、ようやく軌道に乗るが、世の中が景気がいいと企画の仕事は少ない。理由は危機感がないため、あえて新しいことにチャレンジしないのは人間の性。しかし、リーマンショックを機に再び「新規事業」に注目が集まり、企画業の仕事が増える。だが、経済が回復すると「新規事業」への関心が薄れる。こんなことの繰り返しだ。

その間を繋いだのが、自社事業と教育事業だ。教育事業の多くは研修なのだが、研修依頼があるのは圧倒的に大企業。それも日本を代表する企業ばかり。

特に印象的だったのが、保険会社での研修。人事部から「日頃、堅いことしか考えていないので、柔軟な発想は難しいかも」と言われたが、何が何が……。解き放たれた頭脳たちは斬新なアイデアを連発し、私が研修した企業の中でもっともクリエイティブだった。

だから、アイデア発想には、特別な教育やスキルなどいらない。面白がって考えれば、誰でもアイデアは発想できる。今までに数千人のアイデアプリントを添削しているが、アイデア発想は若年者より中高年者の方が面白いことがわかった。

知識も経験も豊富な中高年者は、羞恥心や常識というタガさえ外せば、私のような〝枯れたオヤジ〟でもまだまだ勝負できるのだ。また、アイデアほどその人の個性が発揮される情報はなく、人柄や容姿に関係なく、脳内の履歴がよくわかる。いつも物静かで発言をしたことがない社員が、一番面白いアイデアを発想することが過去研修した企業であった。学歴だとか、大企業だとか、歳をとっているからとか、そんなことは関係ない。

このコロナ禍ですべてがリセットされてしまった今、頭抜け出すために必要なのはアイデアだ。前例にとらわれず、しがらみを断ち切り、今世の中に必要な事を考えて考えて、考え抜けば必ずアイデアが発想できる。私はそう信じている。

最後に、これだけは書かせてほしい。私には野望がある。「一企業一企画マン」を当たり前にしたい。

大企業にとって企画部は当たり前に存在するが、中小零細企業はほぼない。理由はいくつか考えられるが、一番の要因は社長が望んでいないこと。表面的には「うちの社員は何も提案してこない」と嘆くが、本音は自分が一番でいたい社長が多く、提案されることを快く思っていない。

だから、中小企業は社長の器以上には大きくはならない。また、育てても辞めてしまうジレンマもある。「せっかくお金を掛けて育てても辞めてしまうなら育てない」という悪循環に陥る。

私は起業前、100人以下の中小企業を転々としていたからよくわかる。スキルが上がれば、もっと上のステージで挑戦してみたいと思うのはごく自然な流れ。会社に不満があるわけでもないが、育てば辞めてしまうから、企業も育てないし、社長のスキルに依存する構図が中小企業では常態化する。

しかし、新型コロナウイルスで社会も経済も激変し、立ち止まっていては仕事は来ないし、客も来ないことは痛いほどわかった。

そんな時こそ、攻める戦略を打ち出せる人材が必要になる。そう「企画マン」だ。

そこで、私の野望だ。ずいぶん長い前置きになったが、「一企業一企画マン」を目指し、たとえ手塩にかけて育てた企画マンが辞めても企業の企画力が落ちない仕組みを考えた。

それは、企画マンに任命された人は、毎日会社のためにアイデアを出し続け、そのアイデアを蓄積していく。日々会社に寄せられる苦情の解決策を考える、私が出題したアイデアアプリントを解いて会社の新規事業を考える、社長や営業部から要望される課題について考えるなど、日々アイデアを蓄積していく。

一人一日一つで一年に二〇〇企画、五年で一〇〇〇企画蓄積できる。そして、必要な時に必要なアイデアが引き出せる仕組みをつくっておけば、困った時に本当に役立つ。ＡＩを駆使すれば、企業独自の「ＡＩ企画マン」も可能だ。重要なのは社内の人間が考えること。

その企業を一番知るのは社員で、情報も経験も豊富。最前線で戦う社員が考えるほど、地に足がついたアイデアが生まれる。会社が行き詰まった時、蓄積したアイデアを見返せば連鎖反応で最適な解が見つかるのだ。

私は毎日、アイデアの破壊力にゾクゾクしている。

このコロナ禍でも決して悲観はしていない。

小島　章裕

※この本に掲載しているアイデアはすべて著作権フリーです。ご自由にお使いください。もし、実行した、実現したという企業がございましたら、ぜひご報告ください。次回機会があれば、私の著書で紹介させていただきます。

◆著者略歴

小島 章裕（こじま あきひろ）

社会人1年目から通販会社の苦情係として1日200件以上の苦情対応を経験。その後転職し、広告会社に入社、企画部へ。ひたすら企画書を作成し、プレゼン（コンペ）、新規顧客の獲得の日々を3年続ける。この時、「企画費」は値引き対象になることに疑問を抱き、「企画専業」会社で起業する。創業（2001年）から一貫して「企画で飯を食う」「手数料・マージン商売はしない」「自社にしかできない仕事しか受けない」をポリシーに新しい価値を生み出す企業として現在に至る。新サービス・新規事業を企画立案し、立ち上げ、販促（集客）、収益化を得意とする。1日1企画のメルマガ「企画生ノート」を平日日刊で15年以上書き続け、現在3500号を突破。30業種以上の企業と新規事業、新商品開発、販売促進などの企画立案に携わり、自らも新規事業を立ち上げ、成功も失敗も繰り返した経験を持つ。大手人材育成企業から外資系食品メーカー、大手製薬会社など上場企業をはじめ中小企業、経済団体、大学など研修・セミナー回数も500回を超え、満足度の高い研修には定評がある。著書に台湾・韓国で翻訳出版された『儲けのヒントはこの本から盗みなさい！』（中経出版）の他、経済誌や経済新聞にも連載。

大丈夫、策はある
コロナ禍時代の新ビジネス・アイデア55

2020年9月26日　初版第１刷発行

著　者　小島 章裕
発行者　池田 雅行
発行所　株式会社 ごま書房新社
〒101-0031
東京都千代田区東神田1-5-5
マルキビル7階
TEL 03-3865-8641（代）
FAX 03-3865-8643
カバーイラスト　（株）オセロ 大谷 治之
DTP　海谷 千加子
印刷・製本　精文堂印刷株式会社

ISBN978-4-341-08766-1 C0034